CORNELIA POLETTO

# POLETTOS PASTA
## Passione

FOTOGRAFIE: JAN-PETER WESTERMANN

CORNELIA POLETTO

# POLETTOS PASTA

*Passione*

# INHALT

60 Liebeserklärungen an Italien
Vorwort von Madeleine Jakits 6

## PASTA BASICS 9

Italienische Pasta 10
Pasta secca 12
Grundrezept: Pastateig ohne Ei 12
Pasta all'uovo 15
Grundrezept: Polettos Pastateig mit Ei 15
Gefüllte Nudeln 16
Bunte Vielfalt 18
Italienische Kräuter 20
Tomaten 22
Käse 24
Olivenöl 26
Pastazubehör 28
Pastamythen 30
Leichter Tomatensugo 32
Mittelkräftiger Tomatensugo 35
Kräftiger Tomatensugo 37
Pesto alla genovese 38
Pesto rosso 41
Walnusspesto 43
Haselnusspesto 44
Leichter Parmesan Sugo 46
Nussbutter 48
Zitronenbutter 49
Burratacreme 50
Kräuteröl 51

## PASTA E AMICI 53

Spaghetti al nero di seppia
ai Frutti di Mare 54
Farfalle panna e salmone affumicato 57
Fregola sarda mit Granatapfel &
Vadouvan 58
Penne rigate mit Salsiccia &
Tomate 61
Casarecce mit Artischocken &
Pancetta 62
Bucatini mit Entenragout & Radicchio
trevisiano 64

## PASTA KLASSIKER 67

Conchiglie alla puttanesca 69
Corzetti alle erbe 70
Penne all'arrabbiata 73
Orecchiette mit wildem Brokkoli 74
Rigatoni cacio e pepe 76
Spaghettini al pomodoro crudo e
mozzarella di bufala 79
Spaghettoni con ragù alla bolognese 80

Spaghettoni con ragù alla bolognese 80
Penne all'amatriciana 82
Bucatini con le sarde e arrancia 85
Cannelloni al forno mit Ricotta-Spinat-Füllung 86
Linguine mit Gorgonzola dolce & Pistazien 89
Spaghetti alla chitarra con pesto alla genovese 90

## PASTA PARTY 93

Lasagne alla bolognese 94
Pasta e fasule 97
Spaghetti carbonara 98
Spaghetti aglio, olio e peperoncino 100
Paccheri alla vodka 102
Mac & Cheese alla Poletto 104
Lasagne alla norma 107
Casarecce mit Garnelen 108
Linguine alle vongole 110
Tagliatelle al tartufo 113
Stracciatella con stelline 114
Spaghetti al limone e finocchio 116
Tagliatelle mit Steinpilzen 118

## PASTA ALLA POLETTO 121

Spaghettini alla Cavionara 122
Parmesankrone mit Parmaschinken & Aceto balsamico di Modena 124
Caramelle di zucca mit Amarettini & Nussbutter 126
Gefüllte Conchiglioni mit Kartoffeln & Waldpilzen 130
Agnolotti alla carbonara 132
Erbsenravioli mit Zitronen-Carpaccio & Gambero Rosso 136
Ossobuco-Tortelli alla milanese 140
Tortelloni di marroni mit Burgunderkraut & Lardo di Colonnata 144
Linguine alle erbe di Francoforte 146
Paccheri rigati al ragù dell'isola di Mallorca 149
Tagliatelle alla pollonara 150
Venezianische Spaghetti mit Miesmuscheln & Curry 152

Register 154
Impressum 160

vegetarische Rezepte  Rezepte mit Fisch und Meeresfrüchten  Rezepte mit Fleisch

# 60 LIEBESERKLÄRUNGEN AN ITALIEN

*von Madeleine Jakits*

Als Kochlehrling in der »Residenz Heinz Winkler« in Aschau im Chiemgau durfte »die Conny« zunächst nur zarte Kerbelblättchen zupfen. Bis sie sich nach ein paar Tagen beim Drei-Sterne-Chef mausig machte und fortan autorisiert war, auch mal müffelnde schottische Moorhühner zu rupfen und auszunehmen. Herr Winkler hatte die Blonde aus dem Norden unterschätzt. Sein Stolz auf diesen Zögling kam später, dann aber umso ausgeprägter.

Cornelia Diedrich hatte Ambitionen. Und große Lust auf die Küche Italiens. Auf Gourmet-Level lernte sie die nach ihrer Ausbildung als Köchin an der Seite von Anna Sgroi im seinerzeitigen »Anna e Sebastiano« in Hamburg kennen; und ihren ersten Ehemann Remigio Poletto übrigens gleich dazu.

Im Jahr 2000 eröffnete das Paar im schicken Hamburger Stadtteil Eppendorf sein erstes eigenes Restaurant. Sie am Herd, er als Maître-Sommelier bei den Gästen. Ein steiniger Weg: schlafraubende Schulden (Connys Mutter: »Kind, warum machst du nicht einfach Pizza?«), jeden Tag harte Arbeit, das Hoffen auf Gäste. Und mittendrin Paola, das Baby.

Zu jener Zeit war ich Chefredakteurin des Magazins DER FEINSCHMECKER und natürlich schon in den ersten Wochen Gast im »Poletto«. Das Talent der Köchin konnte ich mit Vergnügen schmecken. Und zum Abschied habe ich mitunter mit dem Kindchen geschäkert, das in seinem Wippstühlchen auf dem Bartresen saß und seinem babbo beim Gläserpolieren zusah.

Mit den guten Bewertungen in den einschlägigen Veröffentlichungen kamen sie, die Gäste; erst recht, als sie 2002 mit einem Michelin-Stern geadelt wurde. Irgendwann, mit Cornelia Polettos regelmäßiger TV-Präsenz, kamen dann auch mal Fans ins voll besetzte »Poletto« – mit Connys erstem Kochbuch unterm Arm: nur schnell ein Autogramm, bitte. So beginnt Ruhm.

2006 wurde Cornelia Poletto in Stuttgarts Barockschloss mit dem begehrten Eckart-Witzigmann-Preis für Nachwuchsgastronomie geehrt, ich durfte das Loblied auf sie singen. Im Publikum: weitere Preisträger, alle berühmte Küchenchefs. Illuster!

Poletto, ihr Nachname, den sie nach der Trennung beibehalten hat, ist längst ein Markenzeichen – und Conny selbst eine erfolgreiche Unternehmerin mit einem immer dickeren Schlüsselbund für Restaurant, Bar, Kochschule und demnächst mehr. Und man kennt sie – von Kiel bis Konstanz –, denn sie weiß auch ein TV-Publikum souverän zu unterhalten.

Wer mit seinem klaren Bekenntnis zu Italien, zum herrlichen Geschmack der italianità, so weit oben angekommen ist, kann entspannt zurückschauen und sich der (vermeintlich) einfachsten und weltweit wohl beliebtesten Sparte der cucina italiana mit Hingabe, mit passione widmen – der Pasta, um die es in diesem Buch ausschließlich geht: Rezepte, Warenkunde, Tipps. Und Antworten auf die Frage: Welcher Sugo zu welcher Pastaform? Eine Lebensfrage. Mit Italienern am Tisch kann man jedenfalls einen halben Abend zu diesem Thema erleben.

Für das Kapitel »Pasta Party« empfiehlt Signora Poletto sogar die Begleitmusik zu 13 ihrer Rezepte, eine Playlist (mit QR-Code) wie ein wild gewürzter Sugo aus unsterblichen canzoni, Jazz-Evergreens und Rock-Hymnen. Zu Connys Lieblingspasta, linguine alle vongole, so viel ist sicher, singen dann alle mit: »Aaazzzurrrro«. Ach ja, Adriano ... Die Party beginnt ab Seite 93.

MUSICA *alla Poletto*

# PASTA *Basics*

Pasta perfekt zubereiten und dann hemmungslos genießen – wie das geht, zeigt dieses Kapitel. Hier finden Sie alle wichtigen Grundlagen sowie zwei erprobte Grundrezepte für selbst gemachten Pastateig mit und ohne Ei.

# ITALIENISCHE PASTA
*die Kunst zu genießen*

## Regionale Traditionen

Pasta, das ist viel mehr als nur ein Wort für italienische Teigwaren in unterschiedlichsten Größen und Formen. Für italophile Kochenthusiasten ist Pasta der Inbegriff von dolce vita und mediterraner Lebensart. Nahezu jede Region in Italien, von der Lombardei bis Sizilien, verfügt über ureigene, typische Pastaformen und traditionelle Gerichte. Es ist nicht leicht, hier den Überblick zu bewahren, aber es ist eine Lebensaufgabe, all die unterschiedlichen Formen und Zubereitungsarten kennenzulernen.
Es gibt lange, kurze, breite und dünne Nudeln. Es gibt Hörnchen, Spiralen, Taler und Knöpfe. Manche werden frisch mit Ei zubereitet und köstlich gefüllt, andere werden getrocknet und eignen sich für den Vorrat. Für die perfekte Kombination von Nudel und Sauce gibt es Regeln, die ein Italienliebhaber und Pastafan kennen sollte, um sich auf jeder Pastaparty als Profi feiern zu lassen.

## Lange, glatte Nudeln

Obwohl sie auf der ganzen Welt heiß geliebt werden: Die Hafteigenschaften von langen, glatten Nudeln wie Spaghetti sind eher schlecht. Deshalb eignen sie sich besser für die Kombination mit dünnflüssigen Saucen (z. B. leichte Sughi), (Kräuter-)Ölen oder Pestos. Spaghetti aglio, olio e peperoncino: perfetto!

## Kurze, kompakte Nudeln

Penne, Orecchiette, Casarecce oder Farfalle sind kurz und kompakt. Manche warten zusätzlich mit Hohlräumen auf. Perfekt dafür geeignet, dass auch dickere, stückige Saucen an ihnen haften bleiben. Geschmorte Fleischsaucen und üppige Gemüseragouts (Penne alla Norma!) bilden mit diesen Sorten ideale Kombinationen.

## Breite, flache Nudeln

Tagliatelle, Pappardelle und Fettuccine enthalten häufig zusätzlich Ei. Die Bandnudeln werden gerne frisch verwendet oder gleich selbst zubereitet. Sie sind perfekte Partner für cremige Sauce mit Sahne und Butter, für Trüffel, Pfifferlinge und Steinpilze. Und sie sind köstlich zum Ragù, wie die Bologneser Sauce unter Einheimischen und Kennern schlicht genannt wird.

## Was macht gute Pasta aus?

Für authentischen Pastagenuss darf die Zutatenliste kurz sein: Hartweizengrieß und Quellwasser – mehr braucht es nicht. Wichtig ist zudem die Verarbeitung: Traditionell hergestellte Pasta wird durch Bronzedüsen gepresst und langsam getrocknet. Dadurch bekommt sie eine etwas raue Oberfläche, an der die Sauce bestens haftet. Man erkennt sie leicht an der hellgelben Farbe und den weißen Schüppchen an der Oberfläche.

# PASTA SECCA
## *das geliebte Original*

Nudelliebhaber außerhalb des grün-weiß-roten Stiefels bezeichnen erst einmal alle Teigwaren als Pasta, egal, ob es sich dabei um Band-, Faden-, kurze oder dicke Nudeln handelt. Der Italiener unterscheidet zusätzlich zwischen Pasta secca und Pasta all'uovo. Der Hauptunterschied besteht in der Frage: »Mit oder ohne?« Gemeint ist das Ei, an dem sich die Geister scheiden. Die meisten Pastasorten kommen ohne Ei aus. Sie werden nur aus Hartweizenmehl und Wasser hergestellt und passen sich an viele Aromen an. Zusätzlicher Vorteil: Sie lassen sich gut trocknen und sind lange haltbar.

# PASTATEIG
## ohne Ei

| | Für 550 g Teig | 15 Min. Zubereitung, 1 Std. Kühlen |
|---|---|---|

**400 g Semola di grano duro (Nudelgrieß aus Hartweizen)**
**180 ml Wasser**

1. Semola in eine Schüssel sieben, das Wasser dazugießen und mit den Händen einarbeiten, bis ein glatter und geschmeidiger Teig entsteht.

2. Den Teig zu einer Kugel formen, in Frischhaltefolie wickeln und bis zur Verwendung mindestens 1 Std. kalt stellen.

# PASTA ALL'UOVO
*einfach köstlich*

Pasta all'uovo, wie Nudelsorten aus Eierteig in Italien genannt werden, sind meist in Form von Bandnudeln im Handel erhältlich. Sie schmecken besonders gut zu kräftigen, würzigen Fleischsaucen wie Ragù alla bolognese oder zu cremigen Käse- und Sahnesaucen. Ebenso sind sie die Grundlage für gefüllte Pastaspezialitäten wie Ravioli, Tortellini oder Agnolotti (siehe S. 16). Man kann sie frisch oder getrocknet kaufen.

# POLETTOS PASTATEIG
## mit Ei

| | Für ca. 550 g Teig | 15 Min. Zubereitung, 1 Std. Kühlen |
|---|---|---|

**250 g Semola di grano duro (Nudelgrieß aus Hartweizen)**
**150 g Mehl (Type 00)**
**4 Eier (M)**

**1.** Semola und Mehl mischen, auf die Arbeitsfläche sieben und eine Mulde in die Mitte drücken. Eier in die Mulde schlagen. Die Zutaten mit den Händen von außen nach innen zu einem glatten und geschmeidigen Teig kneten.

**2.** Den Teig mit den Handballen mindestens 10 Min. kneten, bis die Oberfläche glatt und wachsartig ist. Zu einer kompakten Kugel formen und in Frischhaltefolie wickeln. Den Teig bis zur Verwendung mindestens 1 Std. kalt stellen.

# GEFÜLLTE NUDELN
*himmlischer Genuss*

Dass italienische Pasta ein Geschenk des Himmels ist, erscheint vielen Nudelfans als völlig selbstverständlich. Das kohlenhydratreiche Lebensmittel ist schließlich bekannt dafür, dass es seinen Genießer glücklich macht. Da wundert es nicht, dass auch der gefüllten Variante in Form von Tortellini, Ravioli und Co. göttliche Wurzeln zugeschrieben werden.
Dabei ist die Basis immer dieselbe: Pastateig mit Ei (siehe S. 15) wird auf der bemehlten Arbeitsfläche dünn ausgerollt, bevorzugt natürlich von Hand mit dem typisch italienischen Nudelholz, dem Mattarello. Je nach gewünschter Form sticht man dann mit einem kleinen Glas oder einem Ausstecher Formen aus dem Teig aus, füllt diese mit der vorbereiteten Füllung, klappt den Teig darüber, drückt die Ränder gut fest und gart die Nudeln 3–4 Min. in reichlich kochendem Salzwasser. Mehr braucht es nicht.

## Tortellini

Die runden Kringel sind typische Spezialitäten aus der Emilia-Romagna. Die Legende besagt, dass sie dem Bauchnabel der römischen Liebesgöttin Venus nachempfunden sind: Sattgelbe, üppig gefüllte Schnörkel in einer würzigen Brühe – das ist die klassische Zubereitung, wie sie in Bologna gewöhnlich am Sonntag serviert wurde. Heute gibt es unzählige Varianten, häufig geschwenkt in Salbeibutter oder Sugo.

## Ravioli

Die gefüllten Teigtaschen haben ihren Ursprung in Norditalien, sind aber längst überall in Italien und darüber hinaus in der ganzen Welt verbreitet. Meist haben sie eine quadratische Form mit einer Seitenlänge von etwa 4 cm. Charakteristisch ist der gezackte Rand, der mithilfe eines Teigrädchens zustandekommt. Es gibt sie aber auch als Kreise, Halbkreise oder Dreiecke. Wie bei vielen regionalen Spezialitäten handelt es sich um eine besonders gelungene Form der Resteverwertung: Schon im 13. Jahrhundert wurde Braten vom Vortag gehackt, mit Gewürzen und Semmelbröseln vermischt und im Nudelteig versteckt. So köstlich, dass es heute eine unüberschaubare Vielzahl an Rezepten und Füllungen gibt, die gleichermaßen begeistern.

## Agnolotti del Plin

Vor allem in Norditalien und insbesondere im Piemont schätzt man die würzigen Teigtäschchen, die an Pralinés erinnern. Bei der handgemachten Spezialität handelt es sich um flache, viereckige Nudeln, die in der klassischen Zubereitung mit geschmortem Fleisch, Spinat, Parmesan und Ei gefüllt werden. »Plin« bedeutet so viel wie »Kniff« und bezieht sich auf die Art und Weise, wie die einzelnen Agnolotti zwischen Fingern und Daumen zusammengedrückt und verschlossen werden.

# BUNTE VIELFALT *für jeden Geschmack*

Wer sagt, dass Nudeln immer nur farblos und blass daherkommen? Von leuchtend orange über feuerwehrrot bis grasgrün, aubergine und mitternachtsschwarz ist alles möglich. Genauso vielfältig ist das Angebot an Pasta aus Mehlalternativen wie Buchweizen oder Hülsenfrüchten.

## Glutenfrei

Das Klebereiweiß Gluten kommt in vielen Getreidesorten, vor allem in Weizen, reichlich vor und sorgt dafür, dass Pastateig auch ohne Ei und weitere Zutaten zusammenhält. Wer Gluten nicht verträgt, muss auf den Genuss von Pasta trotzdem nicht verzichten. Mittlerweile gibt es viele Sorten, die aus glutenfreien Zutaten bestehen und geschmacklich keine Wünsche offenlassen.
Zur Auswahl stehen beispielsweise Nudeln aus Mais oder Reis beziehungsweise aus einer Mischung von beidem. Eine weitere Alternative stellen Pastasorten aus Pseudogetreiden wie Amarant und Quinoa dar. Nudeln aus Quinoa haben, wie auch Pasta aus Buchweizenmehl, ein würzig-nussiges Aroma, das zum Beispiel mit einer Gorgonzolasauce oder mit Pesto hervorragend harmoniert.

## Aus Hülsenfrüchten

Vegetarier und Veganer, die ganz auf tierisches Eiweiß verzichten, bekommen eine zusätzliche Protein-Portion, wenn sie auf Pasta zurückgreifen, die aus Hülsenfrüchten hergestellt wurde. Je nach verwendeter Sorte punkten die Teigwaren zusätzlich mit ihrem bunten Erscheinungsbild.
Im Gegensatz zum Original quellen Nudeln aus Linsen, Bohnen, Erbsen und Co. wesentlich stärker, sodass man weniger braucht, um satt zu werden. Auch die Garzeit ist mit 4-6 Min. deutlich kürzer - das ist wichtig zu wissen, wenn man keine matschigen und weichen Nudeln auf dem Teller mag.

## Gelb, rot, grün, schwarz

Für Farbe und Geschmack sorgt zum Beispiel eine Spinatmatte. Da die Herstellung in der eigenen Küche aufwendig ist, kann man auch auf getrocknetes Gemüsepulver aus Roter Bete, Kürbis oder Möhren zurückgreifen, das unter den Teig geknetet wird und eine satte Färbung hervorbringt.
Idealerweise harmonieren die Aromen der farbgebenden Zutaten mit der Sauce, in der die bunte Pasta später serviert wird. Spinatnudeln schmecken etwa zu sahnigen Saucen, Kürbispasta zu Gorgonzolasauce, karottengelbe Spaghetti passen zu Walnusspesto. Und die leuchtend orangen Safrannudeln? Sie sind perfekt zu Fisch und Meeresfrüchten. Übrigens genau wie Pasta nero di seppia, die sepiatintengefärbten schwarzen Nudeln, die nach Salz, Jod und Meer schmecken.

# ITALIENISCHE KRÄUTER
## voller Aroma

### Basilikum

Das italienische Kraut schlechthin. Egal, ob im Pesto genovese, zu Caprese oder im Sugo – der aromatische, süße und leicht pfeffrige Duft der grünen Blätter ist für viele der Inbegriff mediterraner Küche. Mit reifen Tomaten bilden die auch »Königkraut« genannten, grasgrünen Stängel ein kulinarisches Traumpaar par excellence. Auf der sonnigen Fensterbank ziehen oder im Bund auf dem Markt kaufen. Am besten nur frisch und nicht getrocknet verwenden!

### Petersilie

Der Allrounder schlechthin, der jedem Gericht einen frischen Kick verleiht. Egal, ob Aglio e olio, Spaghetti nero di seppia oder ein klassisches Ragù alla bolognese: fein geschnittene glatte Petersilie rundet die Aromen perfekt ab. Man darf also immer reichlich davon auf der Fensterbank haben!

### Salbei

Wer frisch gefüllte Ravioli zubereitet hat, braucht für einen echten Festschmaus nur noch duftende Salbeiblätter, die in Nussbutter (siehe S. 48) knusprig gebraten werden, bevor man die gekochten Ravioli zum Servieren darin schwenkt. Wer über einen Garten verfügt, pflanzt einfach ein Töpfchen in die Erde und hat jahrelang Freude an dem intensiv duftenden Kraut. Nicht nur in Nussbutter, auch zu Braten, Lamm, Kalbsschnitzelchen und Gnocchi schmeckt der bittersüße Allrounder ausgezeichnet.

### Thymian

Krautig, erdig, süß. Sonnenverwöhnt. Der Duft von Thymian lässt sich schwer beschreiben, aber wer ihn einmal in der Nase hatte, möchte ihn nicht mehr missen. Das südliche Kraut mit den holzigen Zweigen und den kleinen Blättchen passt besonders gut zu deftigen Fleischgerichten, aber auch zu gebratenem Gemüse wie Zucchini, Aubergine oder Kartoffeln.

### Rosmarin

Rosmarin ist besonders reich an ätherischen Ölen, Gerb- und Bitterstoffen und wird frisch oder getrocknet zum Verfeinern von Fleischgerichten sowie in herzhaften Pastasaucen verwendet. Als besondere Note schmeckt ein Hauch Rosmarin auch in Chutneys und Marmeladen.

### Oregano

Das würzige, leicht scharfe Kraut ist ein fester Bestandteil der Pastaküche. Oregano schmeckt hervorragend in Nudelsaucen mit Tomaten und Sardellen. Die getrocknete Variante würzt kräftiger als das frische Kraut, daher Vorsicht bei der Dosierung!

# TOMATEN
## voller Sonne und Aroma

### Fleischtomaten

Fleischtomaten sind die größten Vertreter ihrer Art, häufig unregelmäßig gerippt und flachrund geformt. Sie verfügen über vier bis sechs Fruchtkammern und sind äußerst saftig. Fleischtomaten eignen sich roh für Salate sowie für Pastasaucen mit frischen Tomaten, die keine lange Garzeit haben. Es ist wichtig, ausschließlich reife und duftende Früchte zu verwenden, die über ein ausgewogenes Verhältnis von Süße und Säure verfügen, denn diese verleihen der Sauce Aroma und eine intensive Farbe.

### Kirschtomaten

Von der Rispe direkt in den Mund – das ist für Kirschtomaten eine gute Verwertungskette. Selbstverständlich können sie aber auch den Umweg über Pfanne und Teller machen. Die kleinen Geschmacksbomben punkten mit besonders viel fruchtigem Aroma, Knackigkeit und Süße und bestechen durch ihre große Farben- und Formenvielfalt: Es gibt rote, gelbe, violette und sogar gestreifte Exemplare. Sie können rund, oval oder birnenförmig sein und sind so auf dem Teller echte Hingucker. Gekocht oder gebraten passen sie zu vielen Klassikern der italienischen Küche. In gut sortierten Supermärkten und Feinkostläden findet man eingelegte, halbgetrocknete Kirschtomaten. Hier unbedingt zugreifen und in Saucen und Salaten verarbeiten.

### Flaschentomaten

Die Früchte sind länglich und zylindrisch geformt, enthalten viel Fruchtfleisch und relativ wenig Kerne. Der Wassergehalt ist im Vergleich zu anderen Sorten eher gering. Deshalb eignen sie sich zum Zubereiten von kräftigen, leuchtend roten Sughi sowie für Ragouts und als Rohstoff für Tomatenprodukte wie Tomatenmark. Unter den Flaschentomaten besonders beliebt ist die San-Marzano-Tomate, die in Italien über die geschützte Herkunftsbezeichnung D.O.P. verfügt. Die alte Sorte stammt aus dem süditalienischen Kampanien und wurde nach einem kleinen Ort in der Nähe von Salerno benannt, wo sie zum ersten Mal gezüchtet wurde. Sie gilt als besonders aromatisch und verliert auch beim Einwecken kaum an Geschmack und Aroma.

### Tomaten aus der Dose

Außer im Hochsommer, wenn sonnengereifte Tomaten auch in unseren Breiten aus dem regionalen Anbau zu bekommen sind, ist es für den Geschmack oft besser, auf Konserven zurückzugreifen. Die eingeweckten Früchte tragen das Aroma des Sommers in sich und sorgen auch an kalten Tagen dafür, dass die italienische Sonne aus dem Sugo scheint. Wer auf San-Marzano-Tomaten zurückgreift, kann aber nichts falsch machen, wenn die geschälten Tomaten im Ganzen eingekocht wurden (»Pelati«).

# KÄSE
## cremige Würze

### Parmesan

Der pikante Kuhmilchkäse mit nussiger Note ist der berühmteste unter den italienischen Hartkäsesorten. Da er über eine geschützte Herkunftsbezeichnung (D.O.P.) verfügt, darf echter Parmigiano Reggiano nur in einem begrenzten Gebiet in Norditalien zwischen der Po-Ebene und dem Apennin hergestellt werden. Es gibt unterschiedliche Qualitätsstufen, die vor allem von der Reifezeit abhängen. Echter Parmigiano Reggiano reift zwischen zwölf und 72 Monaten und gewinnt in dieser Zeit an Geschmack, Intensität und Würzigkeit. Auch der Härtegrad nimmt zu.

### Pecorino

Der Schafsmilchkäse aus Mittel- und Süditalien ist vielen Fans der italienischen Küche ein Begriff. Er wird häufig als Alternative zu Parmesan verwendet und hat eine salzig-pikante Note. Bei vielen Pastagerichten aus Süditalien, steht er in der Zutatenliste, z. B. bei Penne all'arrabbiata (siehe S. 73), Rigatoni »cacio e pepe« (siehe S. 76) oder Conchiglie alla puttanesca (siehe S. 69)

### Mozzarella und Burrata

Eigentlich aus Süditalien stammend ist der in Salzlake eingelegte Kuhmilchkäse mittlerweile auf der ganzen Welt bekannt. Berühmt ist die Kombination mit Tomaten und Basilikum als Caprese. Die Büffelmilchvariante »Mozzarella di Bufala« ist geschmacklich etwas feiner und frischer, aber etwas teurer. Mozzarella, der mit Stracciatella und Sahne gefüllt wurde, heißt Burrata. Er hat einen milden, buttrigen Geschmack und eignet sich für cremige Pastasaucen.

### Taleggio und Fontina

Der mild-würzige Taleggio ist ein Weichkäse aus roher oder manchmal auch pasteurisierter Kuhmilch und trägt ebenso wie der etwas festere und mildere Fontina ein D.O.P.-Siegel aus dem norditalienischen Aostatal. Beide Sorten haben gute Schmelzeigenschaften und eignen sich für Saucen, Füllungen und zum Überbacken.

### Gorgonzola

Der bekannteste italienische Blauschimmelkäse wird aus Kuhmilch hergestellt. Zum milden »dolce« reift der Käse in zwei Monaten, der kräftigere »piccante« hat ca. drei Monate Reifezeit. Die mit Mascarpone geschichtete Variante ist mild im Geschmack, sehr cremig und verfügt über hervorragende Schmelzeigenschaften. Eine klassische Zubereitung ist Pasta mit Gorgonzola und Walnüssen oder Spinat. Es gibt aber auch Nudelaufläufe mit Gorgonzola sowie hervorragend schmeckende Nudelsalate, denen der Käse eine pikante Note verleiht.

# OLIVENÖL
## *flüssiges Gold*

Ohne Olivenöl geht in der italienischen Küche nichts. Auf keinen Fall sollte in der Pastaküche daher beim Olivenöl an der Qualität gespart werden. Die Unterschiede in Farbe, Geschmack und Hitzebeständigkeit sind immens.

### Qualitätsunterschiede

Olivenöl gibt es in unterschiedlichen Qualitätsstufen, die sich vor allem nach dem Herstellungsverfahren richten. Wurde das Öl raffiniert oder mit einem mechanischen Verfahren kalt gepresst bzw. extrahiert? In Raffinerien werden die geernteten Oliven zum Teil hohen Temperaturen ausgesetzt, was auf Kosten von Aromen und Inhaltsstoffen geht. Bei der Kaltpressung oder Kaltextraktion bleiben dagegen alle positiven Inhaltsstoffe von Antioxidantien bis Vitamin E im Öl erhalten. Es schmeckt fruchtig und frisch und hat eine ausgezeichnete Qualität.

### Natives Olivenöl

Die Qualitätsstufe »natives Olivenöl« stellt in Deutschland die zweithöchste Güteklasse dar. Das Öl wird in einem schonenden Verfahren kalt gepresst und stammt von der ersten Pressung. Der Säuregrad darf bei maximal 2 Prozent liegen und auch kleinere sensorische Mängel sind erlaubt. Es kann bis 180 Grad erhitzt werden und ist etwas günstiger als natives Olivenöl extra.

### Die Königsklasse

Natives Olivenöl extra ist in Deutschland die höchste Qualitätsstufe, die von der EU vergeben wird. Olivenöl dieser Güteklasse wird mit einem mechanischen Verfahren aus der ersten Pressung gewonnen. Geschmack, Geruch und Farbe sind ohne Fehler und es enthält wenig Säure (höchstens 0,8 Prozent). Sein Rauchpunkt liegt je nach Sorte zwischen 130 und 175 Grad. Für hohe Temperaturen ist extra natives Olivenöl daher nicht geeignet. Dann besser ein raffiniertes Öl verwenden, das Temperaturen bis zu 230 Grad aushält.
Tatsächlich genügen viele im Handel erhältlichen Öle diesen hohen Qualitätsanforderungen. Trotzdem gibt es Nuancen, auf die man achten kann: Bei italienischen Ölen steht das Prädikat extra vergine für höchste Qualität. Eine geschützte Herkunftsbezeichnung D.O.P. gibt an, dass das Öl strengen Auflagen hinsichtlich Sorte, Anbau, Ernte und Herstellung unterliegt.
In manchen Hofläden und Agriturismi gibt es die Möglichkeit der Verkostung. Dann ist neben Geruch (frisch, fruchtig, grasig oder eher nach Nuss?) und Geschmack (grasig, bitter, leicht scharf?) auch die Farbe des Öls ausschlaggebend: Ist es klar und leuchtend grün oder goldgelb? Wunderbar! Wer bereit ist, etwas tiefer ins Portemonnaie zu greifen, kann sich für ein sortenreines Öl entscheiden, das zum Beispiel aus der ligurischen Taggiasca-Olive gewonnen wurde.

D'OLIVA

# PASTAZUBEHÖR
## praktische Küchenhelfer

### Nudelmaschine

Für die Anschaffung einer mechanischen Nudelmaschine aus rostfreiem Stahl ist keine große Investition nötig. Sie wird mit einer Handkurbel geliefert, mit deren Hilfe sich der Nudelteig durch die Walze drehen lässt. Wichtig ist, dass die Maschine sicher steht und sich gut an der Arbeitsplatte festschrauben lässt. Kurbel und Walze sollten gleichmäßig laufen und einfach zu reinigen sein, da sie keinesfalls mit Wasser in Berührung kommen sollten. Mit speziellen Aufsätzen, die es zusätzlich zu kaufen gibt, kann man die gewalzten Teigplatten gleichmäßig zu verschiedenen Pastasorten wie Linguine oder Tagliatelle weiterverarbeiten. Ist man erst mal auf den Geschmack gekommen und möchte seine Pasta regelmäßig selbst zubereiten, lassen sich die meisten mechanischen Modelle (beim Kauf also mitbedenken!) mit einem Motor nachrüsten.

### Nudelholz und Mattarello

Wer keine Nudelmaschine sein Eigen nennt, braucht zum Teigausrollen ein schweres, langes Nudelholz. Besser noch: ein Mattarello. Das italienische Rundholz hat keine Griffe wie ein klassisches Nudelholz, ist ca. 80 cm lang und ist mit einem Durchmesser von wenigen Zentimetern recht dünn. Das ermöglicht eine optimale Kraftübertragung und der Pastateig lässt sich hauchdünn ausrollen – oft besser als mit einer Maschine.

### Chitarra

Dabei handelt es sich um ein traditionelles Werkzeug, das speziell für die Herstellung von Spaghetti alla chitarra (siehe S. 90) gedacht ist. Es besteht aus einem Holzrahmen, über den in schmalen Abständen Drahtsaiten gespannt sind. Nach dem Ausrollen wird der Pastateig auf die Chitarra gelegt und mit einem Nudelholz durch die Saiten gedrückt.

### Messer, Teigrädchen, Ausstecher

Zum Formen unentbehrlich ist wenigstens ein kleines, spitzes Messer. Mit einem Teigrädchen lassen sich wellige Ränder zaubern, wie sie z. B. für Ravioli typisch sind. Ausstecher helfen beim Formen.

### Nudeltopf

Ein weiter, schwerer Topf mit viel Volumen ist in der Pastaküche unentbehrlich. Die Nudeln kochen darin gleichmäßig, ohne zu verkleben oder sich am Boden anzulegen.

### Pastakralle und Schaumkelle

Nicht nur zum Servieren nützlich! Mit ihr lassen sich Spaghetti und Co. aus dem Kochwasser holen und direkt in der Pfanne schwenken, sodass die Pasta mit viel Sauce auf dem Teller landet. Für gefüllte Nudeln ist eine Schaumkelle besser geeignet, damit die Pasta heil in die Pfanne wandert.

# PASTAMYTHEN
## *Nudeln richtig kochen*

Eigentlich ist es gar nicht so schwer, Pasta richtig zuzubereiten – wenn sich nicht hartnäckig ein paar irreführende Mythen in den Köpfen vieler Pastaköche halten würden. Zeit, diese auszuräumen!

### Öl im Wasser

Im Kochwasser hat Öl, egal welcher Sorte, schlicht nichts verloren. Auch wenn immer wieder zu hören ist, dass die Nudeln nicht verkleben würden, hält diese Behauptung einer Überprüfung nicht stand. Stattdessen führt das Öl dazu, dass die Sauce nicht mehr richtig an der Nudel haftet.

### Zu wenig Kochwasser

Häufiger Fehler: Zu wenig Kochwasser. Das führt dazu, dass die Nudeln zusammenkleben und ungleichmäßig garen. Verhindern lässt sich das Problem mit einem großen, weiten, schweren Nudeltopf (siehe S. 28). Die Pastaformel lautet: Pro 100 g Pasta, 1000 ml Wasser und 10 g unraffiniertes Salz, am besten grobes Meersalz, rechnen. Der Salzgehalt stimmt, wenn das Pastawasser nach Meer schmeckt.

### Pasta nach dem Kochen abschrecken

Manche haben es noch so von ihren Müttern gelernt: Nudeln werden ebenso wie Gemüse nach der Garzeit in ein Sieb abgegossen und mit kaltem Wasser abgeschreckt. Das Ergebnis ist aber enttäuschend: Stärke, die an der Oberfläche der Nudeln haftet, wird abgewaschen und so können Nudel und Sauce sich nicht mehr so gut verbinden. Zusätzlich kühlt die Pasta ab und verbindet sich so weniger gut mit der Sauce und das geht auf Kosten von Aroma und Geschmack. Besser ist es, die Nudeln mit der Pastakralle (siehe S. 28) direkt aus dem Kochwasser in die Saucenpfanne zu heben und dort tropfnass und heiß durchzuschwenken.

### Auf jede Pasta Parmesan

Parmesan ist herrlich – keine Frage! Auf Ragù alla bolognese, auf all'arrabbiata, auf alla puttanesca ... man kommt direkt ins Schwärmen. Das heißt aber nicht, dass der berühmte Norditaliener überall gleich gut passt. Auf Pasta mit Fisch und Meeresfrüchten hat er etwa nichts verloren, da die intensive Würze des Käses die feineren Aromen der Meeresbewohner überdecken könnte. Das Gleiche gilt für den Klassiker Aglio e Olio: Hier sollen die Aromen von Olivenöl und Knoblauch im Vordergrund stehen. Auch wenn schon in der Sauce reichlich Parmesan vorhanden ist, wie zum Beispiel bei Spaghetti carbonara oder Pesto alla genovese, kann man gut auf zusätzlich darübergehobelte Parmesanspäne verzichten, um die anderen Geschmackskomponenten nicht zu überdecken.

# LEICHTER TOMATENSUGO

| | Für ca. 1,5 Liter | 50 Min. Zubereitung |
|---|---|---|

2 kg aromatische, reife Strauchtomaten (z. B. San Marzano)
6 Knoblauchzehen
4 Stängel Basilikum
6 EL Olivenöl
Meersalz
getrocknete Peperoncini (rote Chilischoten; nach Belieben)

1. Die Tomaten waschen, trocken tupfen, den Stielansatz entfernen und die Tomaten in grobe Stücke schneiden.

2. Die Knoblauchzehen schälen und in feine Würfel schneiden. Basilikum waschen, trocken schütteln, die Blätter von den Stängeln zupfen und fein schneiden. Einen großen Topf erhitzen. Das Öl dazugeben und die Knoblauchwürfel darin glasig andünsten.

3. Tomatenstücke, Basilikum, Salz und nach Belieben Peperoncini zum Knoblauch geben. Den Sugo kräftig köcheln lassen, bis er etwas eindickt, und anschließend durch die Flotte Lotte passieren. Der Sugo ist fertig, wenn die Tomaten nicht mehr roh sind, aber noch frisch schmecken.

## TIPP *alla Potetto*

**Sugo nie pürieren, sondern immer durch die Flotte Lotte oder ein Passiersieb streichen.**

# MITTELKRÄFTIGER TOMATENSUGO

| Für ca. 1,5 Liter | 1 Std. 30 Min. Zubereitung |
|---|---|

6 Knoblauchzehen
800 g reife, aromatische Strauchtomaten (z. B. San Marzano)
800 g Pelati (geschälte Dosentomaten; am besten San Marzano)
4 Stängel Basilikum
getrocknete Peperoncini (rote Chilischoten; ersatzweise Chiliflocken; nach Belieben)
6 EL Olivenöl
Meersalz, Pfeffer

Außerdem
sterile Einmachgläser mit Schraubverschluss

1. Die Knoblauchzehen schälen und in feine Würfel schneiden. Die Strauchtomaten waschen, den Stielansatz entfernen und in Stücke schneiden. Die Dosentomaten grob zerkleinern.

2 Basilikum waschen und trocken schütteln. Peperoncini zwischen den Fingern zerbröseln.

3. Einen großen Topf erhitzen. Das Öl dazugeben und die Knoblauchwürfel darin glasig andünsten. Strauchtomaten, Pelati, Basilikum und Peperoncini hinzufügen. Alles aufkochen, danach die Hitze reduzieren und die Sauce ca.1 Std. köcheln lassen.

4. Basilikum entfernen. Den Sugo mit Salz und Pfeffer abschmecken und durch ein Passiersieb oder eine »flotte Lotte« passieren. In sterile Einmachgläser füllen, verschließen und nach Wunsch einwecken.

# KRÄFTIGER TOMATENSUGO

| Für ca. 1 Liter | 1 Std. 30 Min. Zubereitung |
|---|---|

6 Knoblauchzehen
4 Stängel Basilikum
getrocknete Peperoncini (rote Chilischoten; nach Belieben)
1,5 kg Pelati (geschälte Dosentomaten; am besten San Marzano)
6 EL Olivenöl
Meersalz

Außerdem
sterile Einmachgläser mit Schraubverschluss

1. Die Knoblauchzehen schälen und in feine Würfel schneiden. Basilikum waschen und trocken schütteln. Peperoncini klein schneiden. Die Dosentomaten grob zerkleinern.

2. Einen großen Topf erhitzen. Das Öl dazugeben und die Knoblauchwürfel darin glasig andünsten. Pelati, Basilikum und Peperoncini hinzufügen.

3 Alles aufkochen, danach die Hitze reduzieren und die Sauce ca. 1 Std. dickflüssig einkochen. Dabei häufig umrühren, um zu verhindern, dass sie anbrennt. Die Sauce ist fertig, wenn ein kleiner Holzlöffel darin aufrecht stehen bleibt.

4 Basilikum entfernen. Den Sugo mit Salz abschmecken. In sterile Einmachgläser füllen, verschließen und nach Belieben einwecken.

# PESTO ALLA GENOVESE

| Für ca. 500 g | 30 Min. Zubereitung |
|---|---|

60 g Pinienkerne
100 g frisches Basilikum
1 Knoblauchzehe
Meersalz
200 g geriebener Parmesan
150 ml Olivenöl
Pfeffer

Außerdem
Mörser
sterile Einmachgläser mit Schraubverschluss

1. Die Pinienkerne in einer Pfanne ohne Fett anrösten, bis sie duften. Herausnehmen und abkühlen lassen.

2 Basilikum waschen und trocken schütteln. Die Blätter von den Stielen zupfen und fein schneiden. Den Knoblauch schälen und mit etwas Salz im Mörser zu einer Paste zerdrücken.

3. Basilikum, Parmesan und Knoblauch mit der Hälfte des Olivenöls in einem Blitzhacker mixen. Pinienkerne, etwas Salz und Pfeffer dazugeben und erneut nicht zu fein mixen.

4 Das Pesto in saubere Schraubgläser füllen. Mit dem übrigen Olivenöl bedecken, verschließen und im Kühlschrank aufbewahren. So bleibt das Pesto 1–2 Wochen frisch.

# PESTO ROSSO

| | Für ca. 300 g | 30 Min. Zubereitung |
|---|---|---|

1. Pinienkerne in einer Pfanne ohne Fett anrösten, bis sie duften. Herausnehmen und abkühlen lassen. Pinienkerne grob hacken. Getrocknete Tomaten abtropfen und grob würfeln, Tomatenöl auffangen. Knoblauchzehen schälen und würfeln. Den Parmesan fein reiben. Peperoncino fein hacken.

2. Tomaten, Knoblauch, Parmesan und Peperoncino im Blitzhacker fein pürieren. 5 EL Tomatenöl und das Olivenöl nach und nach unterrühren. Die Pinienkerne dazugeben und mit Salz abschmecken.

3. Das Pesto in saubere Schraubgläser füllen, mit Olivenöl bedecken, verschließen und im Kühlschrank aufbewahren. So bleibt das Pesto 1-2 Wochen frisch.

20 g Pinienkerne
100 g getrocknete Tomaten (in Öl)
2 Knoblauchzehen
60 g Parmesan
1 Peperoncino (rote Chilischoten; ersatzweise Chiliflocken)
100 ml Olivenöl
Meersalz

Außerdem
sterile Einmachgläser mit Schraubverschluss

# WALNUSSPESTO

| | Für ca. 300 g | 40 Min. Zubereitung |
|---|---|---|

100 g Walnusskerne
20 g Brot vom Vortag
60 ml Milch
1 Knoblauchzehe
4 Zweige Oregano
80 g Parmesan
100 ml Olivenöl
2 EL Walnussöl
Meersalz, Pfeffer

Außerdem
sterile Einmachgläser mit Schraubverschluss

1. Die Walnusskerne in einen kleinen Topf geben, mit Wasser bedecken, aufkochen und ca. 15 Min. köcheln lassen. Abgießen und die Haut entfernen.

2. Vom Brot die Rinde dünn abschneiden. Brot in Würfel schneiden und in der Milch einweichen. Knoblauch schälen und zerdrücken. Oregano waschen, trocken schütteln und die Blätter von den Zweigen zupfen. Parmesan reiben.

3. Alle Zutaten in einen Standmixer geben und fein pürieren. Zuletzt das Oliven- und Walnussöl einfließen lassen. Sollte das Pesto zu fest sein, mit etwas Wasser verdünnen. Mit Salz und Pfeffer abschmecken.

4. Das Pesto in saubere Schraubgläser füllen. Mit Olivenöl bedecken, verschließen und im Kühlschrank aufbewahren. So bleibt das Pesto 1–2 Wochen frisch.

# HASELNUSSPESTO

| | Für ca. 300 g | 30 Min. Zubereitung |
|---|---|---|

1 Knoblauchzehe
125 ml Olivenöl
160 g geschälte Haselnusskerne (z. B. aus dem Piemont)
4 Zweige Thymian
Meersalz, Pfeffer

Außerdem
Mörser
sterile Einmachgläser mit Schraubverschluss

**1.** Den Knoblauch schälen und in feine Scheiben schneiden. 2 EL Öl in einer kleinen Pfanne erhitzen und den Knoblauch darin goldgelb braten, herausnehmen und auf einem Küchenpapier abtropfen lassen.

**2.** Die Haselnüsse in die Pfanne geben und anrösten, bis sie duften. Thymian waschen, trocken schütteln und die Blättchen abzupfen. Mit dem Knoblauch in einem Mörser fein zermahlen.

**3.** Die Haselnüsse dazugeben und ebenfalls grob zerstoßen. Das restliche Olivenöl mit der Nusspaste verrühren und mit Salz und Pfeffer abschmecken.

**4.** Das Pesto in saubere Schraubgläser füllen und im Kühlschrank aufbewahren. So bleibt das Pesto 1–2 Wochen frisch.

# LEICHTER PARMESAN SUGO

| Für etwa 500 ml | 45 Min. Zubereitung |
|---|---|

1 Schalotte
1 Knoblauchzehe
1 Zweig Rosmarin
1 Zweig Thymian
1 Zweig Salbei
100 g Parmesan
2 EL Butter
1 EL Risotto-Reis
100 ml Weißwein
50 ml Noilly Prat
500 ml Gemüsebrühe
100 g Sahne
Meersalz, Pfeffer
frisch geriebene Muskatnuss

1. Die Schalotte und den Knoblauch schälen und fein würfeln. Die Kräuter waschen und trocken schütteln. Den Parmesan reiben und beiseitestellen.

2. Die Butter in einem Topf aufschäumen und die Schalotten- und Knoblauchwürfel darin glasig andünsten. Den Reis und die Kräuterzweige hinzufügen, kurz anschwitzen und mit dem Weißwein und dem Noilly Prat ablöschen. Den Wein komplett einkochen lassen.

3. Die Gemüsebrühe dazugeben und alles ca. 20 Min. köcheln lassen. Die Sahne angießen, nochmals aufkochen lassen. Den Topf vom Herd ziehen und alles durch ein Sieb passieren.

4. Die Flüssigkeit nochmals erhitzen und den geriebenen Parmesan einrühren, bis er sich vollständig aufgelöst hat. Nicht mehr kochen lassen. Mit Salz, Pfeffer und Muskatnuss abschmecken.

ITALIA
08 138
CE

# NUSSBUTTER

Für ca. 200 g | 25 Min. Zubereitung

250 g Butter
steriles Einmachglas mit Schraubverschluss

1. Die Butter in einem kleinen Topf bei mittlerer Temperatur zerlassen, bis sich das Milcheiweiß der Butter am Boden absetzt. Das macht sich durch die aufsteigenden Bläschen bemerkbar.

2. Die Butter kräftig mit dem Schneebesen umrühren, damit das Eiweiß nicht am Topfboden verbrennt. Die Butter wird nun langsam klar und fängt an zu bräunen. Sobald die Brösel am Boden goldgelb sind, die »Nussbutter« durch ein feines Sieb passieren, in ein Schraubglas füllen und im Kühlschrank aufbewahren.

**Für Burro alle erbe** einige Kräuterzweige (z. B. Salbei, Rosmarin, Thymian) waschen, trocken schütteln und die Blättchen von den Zweigen zupfen. Die Nussbutter in einer Pfanne erhitzen und die Kräuterblättchen darin unter Wenden knusprig braten. Herausnehmen und auf Küchenpapier abtropfen lassen. Nach Belieben Pasta (z. B. Spaghetti) darin schwenken und mit den knusprigen Kräuterblättchen garnieren. Mit Salz und Pfeffer würzen und mit Parmesan servieren.

# ZITRONENBUTTER

| | Für ca. 200 g | 25 Min. Zubereitung |
|---|---|---|

1. Die Zitrone heiß waschen und abtrocknen. Die Schale fein abreiben, den Saft auspressen. Die Butter in einem kleinen Topf zerlassen und die abgeriebene Zitronenschale dazugeben. Bei kleiner Hitze ziehen lassen, bis die Zitronenschale duftet. Pasta zur Zitronenbutter geben und durchschwenken. Mit Zitronensaft, Ahornsirup, Salz und Pfeffer würzen.

1 sizilianische Zitrone oder Bio-Zitrone
200 g Butter
Ahornsirup
Meersalz, Pfeffer

# BURRATACREME

| | Für ca. 250 g Creme | 10 Min. Zubereitung |
|---|---|---|

250 g Burrata
(ital. Frischkäse)
4 EL Olivenöl
Meersalz, Pfeffer

1. Die Burrata mit dem Öl im Standmixer zu einer homogenen Creme mixen. Mit Salz und Pfeffer abschmecken.

# KRÄUTERÖL

| | Für ca. 150 ml | 25 Min. Zubereitung |
|---|---|---|

8–10 Kräuterstängel oder -zweige (z. B. Liebstöckel, Basilikum, Petersilie, Dill, Schnittlauch, Minze)
150 ml Pflanzenöl

**1.** Die Kräuter waschen, trocken schleudern und fein schneiden. Mit dem Öl in einen Topf geben, auf 60° erhitzen und 15 Min. ziehen lassen. Im Standmixer fein pürieren, durch ein Tuch passieren und auskühlen lassen.

# PASTA
## *e amici*

Pasta und Sugo perfekt kombiniert:
Lange, glatte Nudeln zu leichten Sugos,
Kräuterölen und Pesto; kurze Pasta zu
Schmorsaucen und Ragouts;
Pasta all'uovo zu üppigen Saucen,
Trüffeln und Steinpilzen.
Deliziosa!

# SPAGHETTI AL NERO DI SEPPIA

## ai Frutti di Mare

| Für 4 Personen | 40 Min. Zubereitung |
| --- | --- |

500 g Venusmuscheln
2 getrocknete Peperoncini (rote Chilischoten)
200 g Calamaretti (Mini-Tintenfische; beim Fischhändler vorbestellen)
8 Garnelen (roh, ohne Schale)
Meersalz
500 g Seppia-Spaghetti
2–4 Knoblauchzehen
4 Zweige Thymian
250 g Kirschtomaten
½ Bund Petersilie
6 EL Olivenöl
100 ml Weißwein
Salt Flakes
Pfeffer

**1.** Die Venusmuscheln in eine Schüssel mit kaltem Wasser geben, die Chilischoten zerbröseln und eine dazugeben. Die Muscheln unter fließendem kaltem Wasser waschen, dabei aneinanderreiben, um alle Sandablagerungen zu entfernen. Bereits geöffnete Muscheln aussortieren.

**2** Die Tentakel der Calamaretti aus dem Körper (Tube) ziehen. Das längliche plastikartige Fischbein aus den Tuben entfernen. Die Augenpartie oberhalb der Tentakel abschneiden. Das kugelförmige Kauwerkzeug aus der Mitte der Tentakel drücken. Die Tuben und die Tentakel waschen, nach Wunsch in Ringe bzw. Streifen schneiden und trocken tupfen.

**3.** Die Garnelen auf der Rückseite längs einschneiden und Darm entfernen. Die Garnelen waschen und trocken tupfen. In einem großen Topf reichlich Salzwasser erhitzen und die Pasta darin nach Packungsanweisung bissfest kochen.

**4.** Die Knoblauchzehen schälen und in Scheiben schneiden. Thymian waschen, trocken schütteln und die Blättchen abstreifen. Die Kirschtomaten waschen und halbieren. Die Petersilie waschen, trocken schütteln, die Blätter abzupfen und fein schneiden.

**6** Einen Topf erhitzen, die Muscheln mit dem Knoblauch, Thymian und 4 EL Öl dazugeben. Durchrühren und mit dem Wein ablöschen. Zugedeckt unter gelegentlichem Rühren garen, bis alle Muschelschalen geöffnet sind.

**7.** In einer großen Pfanne das übrige Öl erhitzen, übrigen Knoblauch und übrige Chilischote darin kurz anbraten. Die Garnelen und Calamaretti (Tuben und Tentakel) hinzufügen, kurz und kräftig anbraten. Mit den Salt Flakes abschmecken. Die Muscheln mit dem Sud dazugeben (geschlossene Exemplare aussortieren). Die Tomaten hinzufügen.

**8.** Die Spaghetti mit einer Pastakralle direkt aus dem Kochwasser zur Meeresfrüchtemischung geben. Durchschwenken, die Petersilie unterheben und die Pasta mit Salz und Pfeffer abschmecken.

## TIPP *alla Potetto*

**TK-Meeresfrüchte nach dem Auftauen mit Küchenpapier gut abtupfen. Sie ziehen sonst beim Anbraten Wasser.**

# FARFALLE

## panna e salmone affumicato

Für 4 Personen | 25 Min. Zubereitung

1. Lachs in ca. 5 mm breite Streifen schneiden. Zuckerschoten waschen, putzen, von den Enden und Fäden befreien und schräg halbieren.

2. In einem großen Topf reichlich Salzwasser zum Kochen bringen und die Farfalle darin nach Packungsanweisung bissfest garen. 2 Min. vor Ende der Kochzeit die Zuckerschoten dazugeben und mitkochen lassen.

3. Crème double und Crème fraîche in einer Pfanne erhitzen und mit Salz und Pfeffer abschmecken.

4. Die Kräuter waschen und trocken tupfen. Die Blättchen von den Stielen zupfen und fein schneiden. Die Zitrone heiß waschen, abtrocknen und die Schale fein abreiben.

5. Pasta mit einer Pastakralle direkt aus dem Topf in die Pfanne geben und einige Augenblicke darin schwenken. Gegebenenfalls etwas Pastawasser dazugeben. Die Pfanne vom Herd nehmen, die geschnittenen Kräuter dazugeben, mit Salz, Pfeffer und abgeriebener Zitronenschale abschmecken.

6 Auf vier vorgewärmten Tellern anrichten und mit den Lachsstreifen und Keta-Kaviar garnieren.

300 g Räucherlachs (Rückenfilet)
200 g Zuckerschoten
Meersalz
500 g Farfalle
150 g Crème double
150 g Crème fraîche
Pfeffer
je 3 Stängel Estragon, Dill und Basilikum
1 Bio-Zitrone
50 g Keta-Lachskaviar

# FREGOLA SARDA

## mit Granatapfel & Vadouvan

| Für 4 Personen | 45 Min. Zubereitung |
| --- | --- |

Für die Fregola

- 1 EL Vadouvan (fermentierte indische Gewürzmischung)
- 2 Schalotten
- 2 Knoblauchzehen
- 4 Möhren mit Grün
- 100 g Parmesan
- 2 EL Olivenöl
- 200 g Fregola sarda (kleine, kugelförmige Nudelspezialität aus Sardinien)
- 50 ml Weißwein
- 1 l Gemüsebrühe
- Meersalz, Pfeffer

Für die Möhren

- 2 TL Kreuzkümmelsamen
- 2 TL Honig
- 2 EL Harissa (scharfe Würzpaste)
- 20 g weiche Butter
- 1 EL Olivenöl
- Meersalz
- 500 g junge Möhren
- ½ Granatapfel
- 1 Bio-Zitrone

Außerdem

- Mörser

**1.** Das Vadouvan in einem Mörser zermahlen. Schalotten und Knoblauch schälen und fein würfeln. Von den Möhren das Grün abtrennen, waschen, trocken schütteln und etwas davon beiseitelegen. Die Möhren waschen, schälen und fein würfeln. Den Parmesan fein reiben.

**2.** Einen flachen Topf erhitzen, Öl dazugeben und Schalotten und Knoblauch mit Vadouvan darin glasig andünsten. Die Möhrenwürfel und Fregola dazugeben, kurz anrösten lassen und mit dem Weißwein ablöschen. Einkochen lassen und immer wieder, wie bei Risotto, mit heißer Brühe angießen, sodass die Fregola gerade bedeckt ist. Alles bei kleiner Hitze offen köcheln lassen, bis die Fregola al dente ist.

**3.** Inzwischen den Backofen auf 230° vorheizen. Kreuzkümmel, Honig, Harissa, Butter, Öl und etwas Salz verrühren. Die Möhren waschen und gründlich abbürsten. Mit der Gewürzmischung marinieren und mit etwas Abstand nebeneinander auf ein mit Backpapier belegtes Backblech legen.

**4.** Die Möhren im Ofen (Mitte) 12–15 Min. rösten, bis sie zu bräunen beginnen, aber noch bissfest sind. Inzwischen die Kerne aus dem Granatapfel brechen. Die Zitrone heiß waschen und abtrocknen. Die Schale fein abreiben und den Saft auspressen. Die Möhren aus dem Ofen nehmen, mit den Granatapfelkernen mischen und mit Zitronenabrieb und -saft sowie Salz abschmecken. Warm halten.

**5.** Die Fregola vom Herd nehmen und unter ständigem Rühren mit dem geriebenen Parmesan sowie Salz und Pfeffer abschmecken. Die Fregola sarda auf vier vorgewärmten Tellern anrichten. Die gerösteten Möhren darauf platzieren und mit fein geschnittenem Möhrengrün garnieren.

## TIPP *alla Potetto*

**Vadouvan ist im gut sortierten Feinkostladen und online erhältlich.**

# PENNE RIGATE

## mit Salsiccia & Tomate

| | Für 4 Personen | 15 Min. Zubereitung |
|---|---|---|

Meersalz
500 g Penne rigate
1 kleine Zwiebel
2 Knoblauchzehen
4 Salsicce (italienische Rohwurst)
4 Zweige Thymian
je 2 Stängel Petersilie und Basilikum
100 g Parmesan
2 EL Olivenöl
250 g kräftiger Tomatensugo (siehe S. 39)
Pfeffer

1. Einen großen Topf mit reichlich Salzwasser zum Kochen bringen und die Penne darin nach Packungsanweisung al dente kochen.

2. Inzwischen Zwiebel und Knoblauch schälen und in feine Würfel schneiden. Die Salsicce in kleinen Stücken aus dem Darm drücken. Die Kräuter waschen und trocken schütteln. Petersilie und Basilikum fein schneiden und beiseitelegen. Parmesan hobeln.

3. Eine Pfanne erhitzen, Öl dazugeben und Salsiccia und Thymian darin anbraten. Zwiebeln und Knoblauch dazugeben und mitbraten. Mit dem Tomatensugo ablöschen und einmal aufkochen lassen.

4. Die Penne mit einer Pastakralle direkt in den Sugo geben und durchschwenken. Gegebenenfalls noch etwas Pastawasser dazugeben. Die Thymianzweige herausfischen. Petersilie und Basilikum unterheben. Mit Salz und Pfeffer abschmecken. Parmesan dazu reichen und sofort servieren.

# CASARECCE
## mit Artischocken & Pancetta

| Für 4 Personen | 50 Min. Zubereitung |
|---|---|

Saft von 1 Bio-Zitrone
8 Artischocken
2 junge Knoblauchzehen
2 Zweige Thymian
4 Stängel Petersilie
150 g Pancetta
80 g Parmesan
Meersalz
500 g Casarecce
100 ml Weißwein
2 EL kalte Butterwürfel
Meersalz, Pfeffer

**1.** Eine Schüssel mit Wasser und Zitronensaft füllen. Die äußeren Blätter der Artischocken abzupfen, bis die inneren, zarten Blätter zum Vorschein kommen. Das Grün vom Stiel schälen und die Spitzen der Blätter abschneiden. Die Artischocken je nach Größe halbieren oder vierteln und in das Zitronenwasser geben.

**2.** Knoblauch schälen und in dünne Scheiben schneiden. Thymian und Petersilie waschen und trocken schütteln. Petersilienblätter abzupfen und fein schneiden. Pancetta in dünne Streifen schneiden. Parmesan fein reiben.

**3.** Einen großen Topf mit Salzwasser zum Kochen bringen und die Casarecce darin nach Packungsanweisung al dente garen. Inzwischen eine große Pfanne erhitzen und Pancetta darin bei mittlerer Temperatur goldbraun ausbraten. Die Artischocken abtropfen lassen, dazugeben und ca. 4 Min. mitbraten. Den Knoblauch und die Thymianzweige dazugeben. Mit dem Weißwein ablöschen und einkochen lassen.

**4** Die Casarecce mit der Pastakralle direkt zu den Artischocken geben und mit den Butterwürfeln aufkochen lassen, bis die Sauce bindet. Die Thymianzweige entfernen, die Petersilie dazugeben, durchschwenken und mit Salz und Pfeffer abschmecken. Gegebenenfalls noch etwas Pastawasser dazugeben und sofort servieren. Geriebenen Parmesan dazu reichen.

# BUCATINI

## mit Entenragout & Radicchio trevisano

| | Für 4 Personen | 2 Std. 10 Min. Zubereitung |
|---|---|---|

**Für das Entenragout**

- 2 Entenkeulen
- Meersalz
- 2 EL Entenschmalz
- 1 Möhre
- 1 Stange Staudensellerie
- 3 rote Zwiebeln
- 1 Stück Knollensellerie
- 1 Knoblauchzehe
- je 2 Zweige Rosmarin und Thymian
- 1 EL Tomatenmark
- 150 ml Rotwein
- 100 ml roter Portwein
- 400 ml Entenfond
- 1 EL Butter
- Pfeffer
- 2 EL Aceto balsamico

**1.** Den Backofen auf 180° vorheizen. Die Entenkeulen salzen und in 1 EL Entenschmalz von allen Seiten anbraten. Danach aus dem Bräter nehmen und beiseitestellen. Möhre, Staudensellerie, 1 Zwiebel, Knollensellerie und Knoblauch je nach Sorte waschen, putzen bzw. schälen und grob würfeln. Gemüsewürfel im restlichen Schmalz kräftig anbraten.

**2.** Die Kräuter waschen und trocken schütteln. Das Tomatenmark und die Kräuterzweige in den Bräter geben und kurz mitbraten. Mit 100 ml Rot- und 50 ml Portwein ablöschen und einkochen lassen. Nun den Entenfond angießen und nochmals aufkochen lassen. Die angebratenen Entenkeulen zurück auf das Gemüse geben.

3. Im Ofen (Mitte) 30 Min. schmoren, danach die Temperatur alle 30 Min. um 20° reduzieren und die Keulen in insgesamt ca. 1 Std. 30 Min. weich garen. Das Keulenfleisch sollte sich leicht vom Knochen lösen. Die Keulen mit einer Fleischgabel herausnehmen und den Fond durch ein feines Sieb passieren. Das Fleisch von den Keulen zupfen und beiseitestellen. Den Fond bis zur gewünschten Konsistenz einkochen lassen und wieder zu den Keulen geben.

**4.** Übrige Zwiebeln schälen, halbieren und in feine Streifen schneiden. Die Butter in einer Pfanne erhitzen und die Zwiebeln darin glasig andünsten, leicht salzen und pfeffern. Mit dem restlichen Rot- und Portwein ablöschen und einkochen lassen. Das geschmorte Entenfleisch dazugeben und mit Aceto balsamico, Salz und Pfeffer abschmecken.

**5.** Inzwischen den Radicchio vom Strunk befreien und das Weiße der Blätter herausschneiden. In lauwarmem Wasser waschen, danach vorsichtig trocken schleudern und in Streifen schneiden. Thymian und Petersilie waschen, trocken schütteln, die Blätter abzupfen und fein schneiden.

**6.** In einem großen Topf reichlich Salzwasser zum Kochen bringen und die Bucatini darin nach Packungsanweisung al dente garen. Die Pasta mit einer Pastakralle direkt zum Entenragout geben. Den Radicchio und die Kräuter dazugeben und alles durchschwenken. Auf vier vorgewärmten Tellern anrichten und nach Wunsch mit Parmesanspänen bestreuen.

Zum Fertigstellen

- 1 Radicchio
- 2 Zweige Thymian
- 3 Stängel Petersilie
- Meersalz
- 500 g Bucatini
- Parmesan

POLETTO

# PASTA *Klassiker*

Ragù alla bolognese, Carbonara,
all'arrabbiata oder alla puttanesca –
allein die wohlklingenden Namen lassen
die Herzen von Pastafans höherschlagen.
In diesem Kapitel finden
Sie viele Klassiker zum Nachkochen
und Genießen.

# CONCHIGLIE

## alla puttanesca

| Für 4 Personen | 30 Min. Zubereitung |
|---|---|

Meersalz
500 g Conchiglie
(ital. Muschelnudeln)
2 Knoblauchzehen
400 g Kirschtomaten
4 TL Kapern (gesalzen)
4–8 Sardellenfilets
100 ml Olivenöl
Chiliflocken (nach Belieben)
150 g schwarze Oliven
(z. B. Gaeta; entsteint)
250 ml leichter Tomatensugo (siehe S. 34)

Zum Fertigstellen
6 Stängel Petersilie
2 Stängel Basilikum
2 Zweige Oregano
Pfeffer

**1.** In einem großen Topf reichlich Salzwasser zum Kochen bringen und die Conchiglie darin nach Packungsanweisung al dente kochen.

**2.** Inzwischen den Knoblauch schälen und in dünne Scheiben schneiden. Die Kirschtomaten waschen und vierteln. Die Kapern wässern und durch ein Sieb abgießen. Sardellenfilets abtropfen lassen und grob hacken.

**3.** Eine Pfanne stark erhitzen, das Olivenöl und die Tomaten, Chiliflocken und Knoblauch hineingeben. 1 Minute braten, bis der Knoblauch goldgelb ist und die Tomaten weich werden. Die Oliven, Kapern und Sardellen untermischen und bei mittlerer Hitze 1 weitere Minute braten. Den Tomatensugo dazugeben und eine weitere Minute köcheln lassen. Mit Salz abschmecken.

**4.** Zum Fertigstellen die Kräuter waschen, trocken schütteln, Blättchen von den Stängeln bzw. Zweigen zupfen und fein schneiden. Conchiglie mit einer Pastakralle direkt aus dem Topf in die Pfanne geben. Die Kräuter dazugeben, gut durchrühren und mit Pfeffer abschmecken. Sofort servieren.

# CORZETTI
## alle erbe

| Für 4 Personen | 1 Std. Zubereitung |
|---|---|

1. Den Pastateig mit Nudelgrieß bestreuen und in einer Nudelmaschine nicht zu dick (ca. 1,5 mm) ausrollen und in Länge der Arbeitsfläche schneiden.

2. Die Arbeitsfläche leicht mit Nudelgrieß bestreuen und ein Nudelblatt darauflegen. Mit der hohlen Seite des Corzetti-Stempels Kreise ausstechen.

3. Den Stempel auf die gemusterte Seite drehen und nacheinander in beide Seiten der ausgestochenen Kreise drücken. Er muss fest genug gedrückt werden, damit er strukturiert wird, aber nicht so fest, dass die Form zu sehr abgeflacht wird. Sollte der Teig am Stempel kleben, mit Nudelgrieß bestäuben, damit die Corzetti sich leichter aus dem Stempel drücken und lösen lassen. Den Vorgang mit allen Kreisen wiederholen.

4. Die fertige Pasta auf einem Pastagitter oder mit Nudelgrieß bestäubtem Backpapier 15–20 Min. bei Raumtemperatur trocknen lassen. Vier Teller vorwärmen.

5. Die Pinienkerne in einer Pfanne ohne Fett bei mittlerer Hitze goldgelb rösten. Etwas abkühlen lassen und grob hacken. Die Salbeiblätter von den Zweigen zupfen. Die Butter in der Pfanne erhitzen und die Salbeiblätter darin bei mittlerer Hitze knusprig braten. Mit einer Schaumkelle herausnehmen und auf Küchenpapier entfetten.

6. In einem großen Topf reichlich Salzwasser zum Kochen bringen. Die Hitze leicht reduzieren und die Corzetti darin in

**Für die Corzetti**
- 1 Polettos Pastateig mit Ei (siehe S. 15)
- Semola di grano duro (Nudelgrieß aus Hartweizen) zum Arbeiten
- Meersalz

**Zum Fertigstellen**
- 100 g Pinienkerne
- 8–12 Zweige Salbei
- 120 g Butter
- essbare Blüten zum Dekorieren (z. B. Kornblumen, Salbeiblüten, Thymianblüten)
- 100 g Parmesan

**Außerdem**
- Corzetti-Stempel (Holzstempel)

ca. 3 Min. knapp al dente kochen. Inzwischen 100 ml Pastawasser zur Butter geben und kurz einköcheln lassen. Die Corzetti aus dem Wasser nehmen und zur Salbeibutter geben. Kurz einkochen lassen, bis die Corzetti gut überzogen sind.

7. Corzetti auf vorgewärmten Tellern anrichten und mit den gehackten Pinienkernen, Salbeiblättern und Blüten anrichten. Parmesan hauchdünn darüberhobeln.

# PENNE
## all'arrabbiata

| Für 4 Personen | 20 Min. Zubereitung |
|---|---|

6 Knoblauchzehen
100 ml Olivenöl + mehr zum Servieren
Chiliflocken (nach Belieben)
250 ml mittelkräftiger Tomatensugo (siehe S. 37)
Meersalz
500 g Penne rigate
100 g Pecorino

1. Den Knoblauch schälen und in dünne Scheiben schneiden. In Olivenöl ohne Farbe andünsten. Die Chiliflocken und den Tomatensugo dazugeben und aufkochen. Mit Salz abschmecken.

2. In einem großen Topf reichlich Salzwasser zum Kochen bringen und die Penne darin nach Packungsanweisung knapp al dente kochen. Mit einer Pastakralle und ein wenig Pastawasser direkt aus dem Topf in den Sugo geben. Zusammen aufkochen lassen und mit Salz und Olivenöl abschmecken.

3. Auf vier vorgewärmte Teller verteilen. Den Pecorino in ein Schälchen hobeln und dazu servieren.

### TIPP *alla Potetto*

**Wer keine Chiliflocken zur Hand hat, kann auch getrocknete Peperoncini zerbröseln und zum Sugo geben. Es schmeckt aber auch mit 1 frischen roten Chilischote.**

# ORECCHIETTE
## mit wildem Brokkoli

| Für 4 Personen | 40 Min. Zubereitung |
|---|---|

600 g wilder Brokkoli (idealerweise Cime di rapa, der aber schwer zu bekommen ist)
1 Zwiebel
4 Knoblauchzehen
4 Sardellenfilets (in Öl, abgetropft)
50 g getrocknete Tomaten (in Öl)
2 EL Kapern (z. B. Nonpareilles)
6 EL Olivenöl
1–2 Peperoncini (rote Chilischoten)
Meersalz
Pfeffer
500 g Orecchiette
100 g geriebener Parmesan

1. Brokkoli putzen, waschen und trocken schleudern. In 5–10 cm große Segmente schneiden. Zwiebel und Knoblauchzehen schälen und würfeln. Sardellenfilets klein schneiden. Getrocknete Tomaten in Streifen schneiden. Kapern wässern und in einem Sieb abtropfen lassen.

2. Eine große Pfanne erhitzen, Olivenöl dazugeben und die Zwiebel- und Knoblauchwürfel darin glasig andünsten. Die Sardellenfilets, die getrockneten Tomaten, die Kapern und die Peperoncini dazugeben.

3 In einem großen Topf reichlich Salzwasser zum Kochen bringen, den vorbereiteten Brokkoli darin 3–4 Min. blanchieren, mit einer Schaumkelle herausnehmen (das Kochwasser für die Pasta aufbewahren), kurz abtropfen lassen und ebenfalls in die Pfanne geben. Alles durchschwenken und mit Salz und Pfeffer abschmecken.

4 Das Wasser erneut aufkochen und die Orecchiette darin nach Packungsanweisung al dente garen. Die Orecchiette zum Gemüse geben, durchschwenken und abschmecken. Mit geriebenem Parmesan servieren.

### TIPP *alla Potetto*

**Dazu passt in Würfel geschnittener Mozzarella di Bufala.**

# RIGATONI
## cacio e pepe

| Für 4 Personen | 20 Min. Zubereitung |
|---|---|

Meersalz
500 g Rigatoni
2 TL Pfefferkörner
4 EL Olivenöl
200 g geriebener Pecorino

**1.** In einem großen Topf reichlich Salzwasser zum Kochen bringen und die Rigatoni darin nach Packungsanweisung knapp al dente kochen. Inzwischen die Pfefferkörner grob mahlen.

**2.** Das Olivenöl und 1 TL Pfeffer mit 100 ml Pastawasser in einer Pfanne erhitzen.

**3.** Die Rigatoni mit einer Pastakralle direkt aus dem Topf in die Pfanne geben. Geriebenen Pecorino nach und nach dazugeben, cremig rühren und leicht einkochen lassen, bis kein ungebundenes Wasser mehr vorhanden ist.

**4** Auf vier vorgewärmten Tellern anrichten und mit dem restlichen Pfeffer servieren.

### TIPP *alla Potetto*

**Das Wichtigste ist die Konsistenz des Pecorinosugos: Er sollte weder zu dünn noch zu dick sein, sondern so, dass er sich sämig um die Pasta legt.**

# SPAGHETTINI

## al pomodoro crudo e mozzarella di bufala

| Für 4 Personen | 30 Min. Zubereitung |
|---|---|

1. Knoblauchzehen schälen und fein würfeln. Die Tomaten waschen. Den Stielansatz entfernen und vierteln.

2. Die Kerne herausschneiden und die Tomatenviertel in Würfel schneiden. Mit Knoblauch, 6 EL Olivenöl, Oregano, Salz und Pfeffer vermischen und 10 Min. ziehen lassen.

3. In einem großen Topf reichlich Salzwasser zum Kochen bringen und die Spaghettini darin nach Packungsanweisung al dente garen. Basilikum waschen, trocken tupfen, die Blättchen von den Stängeln zupfen und fein schneiden.

4. Den Mozzarella aus der Lake nehmen, abtropfen lassen und in grobe Stücke schneiden. Mit Salt Flakes, Pfeffer und restlichem Olivenöl würzen.

5. Die Pasta mit der Pastakralle aus dem Topf nehmen und mit den Tomaten und dem Basilikum vermischen. Auf vier vorgewärmten Tellern anrichten, den Mozzarella daraufsetzen und servieren.

2 junge Knoblauchzehen
4 Tomaten (am besten San Marzano)
8 EL Olivenöl
1 TL getrockneter Oregano
Meersalz
Pfeffer
500 g Spaghettini
8 Stängel Basilikum
250 g Mozzarella di Bufala
Salt Flakes

# SPAGHETTONI
## con ragù alla bolognese

Für 4 Personen | 1 Std. 10 Min. Zubereitung

- 200 g Zwiebel
- 4 Knoblauchzehen
- 200 g Möhren
- 200 g Staudensellerie
- je 1 Zweig Rosmarin, Thymian und Salbei
- 2 EL Butterschmalz
- 800 g grob durchgelassenes Rinderhackfleisch
- 1 dicke Scheibe Tiroler Schinkenspeck
- 1 Lorbeerblatt
- Meersalz
- Pfeffer
- ¼ l kräftiger Rotwein
- 400 g Pelati (geschälte Dosentomaten; am besten San Marzano)

Zum Fertigstellen

- Meersalz
- 500 g Spaghettoni
- geriebener Parmesan (nach Belieben)

**1.** Die Zwiebeln und Knoblauchzehen schälen und in feine Würfel schneiden. Möhren und Sellerie waschen, abtrocknen, schälen und fein würfeln. Kräuter waschen und trocken schütteln.

**2.** Einen breiten Topf oder Bräter erhitzen, Butterschmalz dazugeben und das Hackfleisch und Speckscheibe darin unter Rühren kräftig anbraten. Die Gemüsewürfel, Kräuterzweige und Lorbeerblatt dazugeben, mit Salz und Pfeffer würzen und einige Min. mitbraten. Mit Rotwein ablöschen und einkochen lassen.

**3** Den Stielansatz der Dosentomaten entfernen und das Fruchtfleisch zur Fleisch-Gemüse-Mischung geben. Verrühren und dabei mit dem Kochlöffel grob zerkleinern. Alles bei kleiner Hitze ca. 40 Min. sämig einkochen. Kräuterzweige und Speckscheibe entfernen und das Ragù mit Salz und Pfeffer abschmecken.

**4.** In einem großen Topf reichlich Salzwasser zum Kochen bringen und die Spaghettoni darin nach Packungsanweisung al dente garen. Mit einer Nudelkralle direkt in das Ragù geben. Alles durchschwenken. Die Pasta auf vorgewärmten Tellern anrichten und nach Belieben mit geriebenem Parmesan servieren.

# PENNE
## all'amatriciana

Für 4 Personen | 20 Min. Zubereitung

1. In einem großen Topf reichlich Salzwasser zum Kochen bringen und die Penne darin nach Packungsanweisung al dente kochen.

2. Inzwischen den Guanciale in 0,5 cm breite Streifen schneiden. Eine Pfanne erhitzen und Guanciale darin ohne Fett kräftig anbraten, bis die Streifen zu bräunen beginnen. Die Pfanne vom Herd nehmen und etwas auskühlen lassen. Die Chilischote fein zerbröseln und mit dem Tomatensugo und etwas Pastawasser dazugeben.

3. Penne mit einer Pastakralle direkt aus dem Topf zur Sauce geben. Alles durchschwenken und mit Salz und Pfeffer abschmecken. Auf vier vorgewärmte Tellern verteilen und mit reichlich Pecorino servieren.

Meersalz
500 g Penne rigate
200 g Guanciale in Scheiben (luftgetrocknete Schweinebacke aus Latium; ca. 5 mm dick; ersatzweise Pancetta)
1 Peperoncino (rote Chilischote)
300 ml mittelkräftigen Tomatensugo (siehe S. 37)
180 g geriebener Pecorino
Pfeffer

### TIPP *alla Potetto*

**Die Amatriciana gibt es in zwei verschiedenen Varianten: als Gricia ohne und als Rosso mit Tomate. Beide sind köstlich.**

# BUCATINI

## con le sarde e arrancia

Für 4 Personen | 40 Min. Zubereitung

**1.** Die Brotscheibe toasten, abkühlen und im Blitzhacker zerbröseln. 2 EL Öl in einer Pfanne erhitzen und die Brösel darin bei kleiner Hitze unter Rühren knusprig rösten. Pinienkerne in einer Pfanne ohne Fett anrösten, bis sie duften. Brotbrösel und Pinienkerne beiseitestellen. Die Rosinen grob hacken und in einer kleinen Schale in 2 EL Weißwein einweichen.

**2.** Die Zwiebeln schälen und in kleine Würfel schneiden. Übriges Öl erhitzen und die Zwiebeln darin anbraten und mit Weißwein ablöschen. Rosinen und Safran dazugeben. Zugedeckt bei kleiner Hitze schmoren. Wenn der Wein eingekocht ist, die Sardinen (bis auf 8 Stück) dazugeben. Mit Meersalz abschmecken. Unter Rühren 2 Min. bei kleiner Hitze weiterköcheln. Pfeffern, warm halten.

**3.** Fenchel waschen, putzen und in feine Scheiben hobeln. Das Fenchelgrün beiseitelegen. Die Möhren waschen, schälen und ebenfalls in dünne Scheiben hobeln. Die Fenchel- und Möhrenscheiben vorsichtig unter den Sugo heben.

**4.** In einem großen Topf reichlich Salzwasser zum Kochen bringen und die Bucatini darin nach Packungsanweisung al dente kochen. Inzwischen die Orange heiß abwaschen und abtrocknen, Die Schale abreiben und den Saft auspressen. Die gekochte Pasta in die Sardinenmasse geben und mischen. Mit Meersalz, Pfeffer, Orangenöl, -abrieb und -saft verfeinern. Die Pasta auf vier vorgewärmten Tellern anrichten, die beiseitegelegten Sardinenfilets daraufsetzen und die Pinienkerne und Brotbrösel darübergeben. Mit dem Fenchelgrün anrichten.

1 Scheibe Brot vom Vortag
4 EL Olivenöl
2 EL Pinienkerne
1 EL Rosinen
200 ml Weißwein + 2 EL zum Einweichen
2 weiße Zwiebeln
10 Safranfäden
1 Dose Sardinen (z. B. Los Peperetes)
Meersalz, Pfeffer
1 kleine Knolle Fenchel
4 Bundmöhren
500 g Bucatini
1 Bio-Orange
30 ml Orangen-Oliven-Öl

# CANNELLONI AL FORNO

## mit Ricotta-Spinat-Füllung

| | Für 4 Personen | 45 Min. Zubereitung, 45 Min. Backen |
|---|---|---|

500 g junger Blattspinat (ersatzweise TK-Spinat)
2 Knoblauchzehen
1 Zwiebel
500 g Ricotta
1 EL Butter
Meersalz, Pfeffer
frisch geriebene Muskatnuss
100 g geriebener Parmesan

Zum Fertigstellen

Olivenöl für die Form
1 l mittelkräftiger Tomatensugo (siehe S. 37)
250 g Cannelloni (ca. 25 Stück)
50 g Butter
100 g geriebener Parmesan

1. Den Spinat waschen, verlesen und trocken schleudern. Die Knoblauchzehen und die Zwiebel schälen und fein würfeln. Ricotta abtropfen lassen.

2. Eine große Pfanne erhitzen, die Butter darin aufschäumen lassen. Die Knoblauch- und Zwiebelwürfel dazugeben und glasig andünsten. Den Spinat dazugeben und unter Rühren zusammenfallen lassen. Mit Salz, Pfeffer und Muskat würzen. In ein Sieb abgießen und abtropfen lassen. Den Spinat leicht ausdrücken und grob hacken.

3. Den Ricotta und den Parmesan zum Spinat geben, gut untermischen und die Füllung kräftig mit Salz, Pfeffer und Muskatnuss abschmecken. Die Masse in einen Spritzbeutel füllen und kalt stellen. Eine Auflaufform (20 x 30 cm) mit Olivenöl auspinseln. Die Hälfte der Tomatensauce gleichmäßig in der Form verteilen.

4. Den Backofen auf 200° Umluft vorheizen. Die Cannelloni mit der Ricottamasse füllen und nebeneinander in die Auflaufform legen. Den restlichen Tomatensugo darauf verteilen, Butterflocken und den Parmesan darüberstreuen. Die Cannelloni im Ofen (Mitte) 45 Min. backen. Etwas abkühlen lassen und servieren.

# LINGUINE

## mit Gorgonzola dolce & Pistazien

| | Für 4 Personen | 20 Min. Zubereitung |
|---|---|---|

1. In einem großen Topf reichlich Salzwasser zum Kochen bringen und die Linguine darin nach Packungsanweisung knapp al dente kochen.

2. Inzwischen die Brühe aufkochen und die kalte Butter in Würfeln dazugeben, sämig einkochen. Mit Salz, Pfeffer und Muskat würzen. Basilikum waschen, trocken schütteln und in feine Streifen schneiden. Pistazien grob hacken.

3. Die Linguine mit der Pastakralle direkt in die Buttersauce geben und einmal aufkochen lassen. Den Gorgonzola in kleinen Stückchen direkt auf die Pasta zupfen und mit dem Basilikum durchschwenken. Auf vier vorgewärmten Tellern anrichten, mit den Pistazien bestreuen und sofort servieren.

Meersalz
500 g Linguine
250 ml Geflügel- oder Gemüsebrühe
40 g kalte Butter
Pfeffer
frisch geriebene Muskatnuss
4 Stängel Basilikum
2 EL Pistazienkerne
200 g Gorgonzola dolce

### TIPP *alla Potetto*

**Pistazien gibt es geschält, ungeschält, gesalzen, geröstet und unbehandelt. Je grüner die Kerne sind, desto besser ist ihre Qualität.**

# SPAGHETTI ALLA CHITARRA

## con pesto alla genovese

| | Für 4 Personen | 40 Min. Zubereitung |
|---|---|---|

1 Pastateig mit Ei
(siehe S. 15)
Semola di grano duro
(Nudelgrieß aus Hartweizen)
zum Arbeiten
Chitarra (trad. Werkzeug zur
Herstellung von Pasta)

Zum Fertigstellen
200 g kleine festkochende
Kartoffeln
100 g Keniabohnen (ersatz-
weise Buschbohnen)
Meersalz
2 EL Pinienkerne
200 g Pesto genovese
(siehe S. 40)
Pfeffer
Parmesan

**1.** Den Nudelteig mithilfe einer Nudelmaschine zu dünnen Bahnen ausrollen. Teigbahnen auf die Chitarra legen, mit dem Wallholz darüberrollen und in Spaghetti schneiden. Spaghetti wie Nester locker auf mit Nudelgrieß bestäubtes Backpapier geben.

**2.** Die Kartoffeln schälen und längs vierteln. Die Enden der Keniabohnen entfernen und Bohnen in 3 cm lange Stücke schneiden. Die Kartoffeln in Salzwasser bissfest garen. Abgießen und beiseitestellen. Die Bohnen in Salzwasser bissfest blanchieren, in Eiswasser abschrecken und abgießen. Die Spaghetti in kochendem Salzwasser garen.

**3** Die Pinienkerne in einer Pfanne ohne Fett anrösten, bis sie duften. Das Pesto in einer Pfanne erwärmen. Pasta mit einer Pastakralle direkt aus dem Topf in die Pfanne zum Pesto geben, das Gemüse ebenfalls dazugeben und gemeinsam durchschwenken. Mit Salz und Pfeffer abschmecken und nach Bedarf etwas Pastawasser dazugeben. Auf vorgewärmten Tellern anrichten, Parmesan darüberhobeln und Pinienkerne aufstreuen.

# PASTA *Party*

MUSICA *alla Poletto*

Was wäre eine Pastaparty
ohne Musik? Genau! Deshalb habe ich
meine Favoriten in einer Playlist zusammengestellt: Zu jedem Rezept in diesem
Kapitel gibt es einen passenden Song.
»That's Amore«

# LASAGNE ALLA BOLOGNESE

## Sister Sledge – We are Family

Für 6 Personen | 20 Min. Zubereitung, 45 Min. Backen

Für die Béchamelsauce
- 100 g Butter
- 50 g Mehl
- 500 ml Milch
- 50 g geriebener Parmesan
- Meersalz
- Pfeffer
- frisch geriebene Muskatnuss

Zum Fertigstellen
- 1 EL weiche Butter für die Form
- 500 g Lasagneblätter
- 1 Grundrezept Ragù alla bolognese (siehe S. 80)
- 300 ml mittelkräftiger Tomatensugo (siehe S. 37)
- 200 g geriebener Parmesan

**1.** Butter in einem Topf schmelzen lassen und das Mehl unter Rühren langsam dazugeben. Nach und nach mit der Milch aufgießen, unter Rühren aufkochen lassen, danach 5 Min. weiterköcheln lassen. Mit Parmesan, Salz, Pfeffer und Muskat abschmecken.

**2.** Backofen auf 180° Umluft vorheizen. Eine Auflaufform (20 x 30 cm) mit Butter ausstreichen. Abwechselnd Lasagneblätter, Bolognese, Tomatensugo, Béchamelsauce und Parmesan schichten.

**3.** Mit Béchamelsauce und Parmesan abschließen. Die Lasagne im Ofen (Mitte) 40–45 Min. backen.

MUSICA alla Potetto

# PASTA E FASULE

## Dean Martin »When the stars make you drool, just like pasta Fazool, that´s amore«

Für 4 Personen | 40 Min. Zubereitung

**1.** Zwiebeln, Knoblauch und Staudensellerie schälen bzw. putzen, grob zerteilen und im Blitzhacker fein hacken. Eine Pfanne mit dem Olivenöl erhitzen und das Gemüse bei mittlerer Temperatur anbraten und salzen. Tomatenmark und nach Belieben Chiliflocken dazugeben und unter Rühren leicht karamellisieren lassen.

**2.** Bohnen abgießen, Bohnenflüssigkeit (Aquafaba, 200 ml) dabei auffangen. Bohnen kalt abbrausen. Fenchelsamen leicht andrücken. Bohnen mit Parmesanrinde, Aquafaba, Tomaten, Gewürzen und 750 ml Wasser zum Gemüse geben und aufkochen lassen. 5 Min. köcheln lassen und mit Salz würzen.

**3.** Die Ditalini dazugeben und nach Packungsanweisung al dente kochen. Die Sauce sollte eine cremige Konsistenz haben.

**4.** Die Parmesanrinde herausnehmen und alles mit Salz und Pfeffer abschmecken. Auf vier vorgewärmten tiefen Tellern anrichten und den Parmesan separat dazu servieren.

Zutaten für Soffrito

- 120 g Zwiebeln
- 2 Knoblauchzehen
- 2 Stangen Staudensellerie
- 4 EL Olivenöl
- Meersalz
- 2 EL Tomatenmark
- Chiliflocken (nach Belieben)
- 400 g Cannellinibohnen (Glas oder Dose)
- ½ TL Fenchelsamen
- 50 g Parmesanrinde
- 150 g stückige Tomaten (Glas oder Dose)
- 1 TL getrockenter Oregano
- 1 TL getrockneter Thymian
- 2 Lorbeerblätter
- 160 g Ditalini

Zum Fertigstellen

- Pfeffer
- 100 g geriebener Parmesan

MUSICA alla Potetto

# SPAGHETTI CARBONARA

## Spliff – Carbonara

Für 4 Personen | 20 Min. Zubereitung

Meersalz
500 g Spaghetti
200 g Guanciale (in dicken Scheiben; ersatzweise Pancetta)
4 Eier (M)
je 80 g geriebenen Pecorino und Parmesan + mehr zum Servieren
Pfeffer
4 Stängel Petersilie

MUSICA alla Potetto

1. In einem großen Topf reichlich Salzwasser zum Kochen bringen und die Spaghetti darin nach Packungsanweisung al dente kochen.

2. Guanciale in Streifen schneiden und in einer Pfanne mit hohem Rand bei großer Hitze braten, bis er außen knusprig und innen noch weich ist. Danach vom Herd nehmen.

3. Die Eier mit dem Käse in einer Schüssel verquirlen und mit reichlich frisch gemahlenem Pfeffer würzen. Petersilie waschen, trocken tupfen, die Blättchen abzupfen und fein schneiden.

4. Spaghetti mit einer Pastakralle aus dem Kochwasser direkt in die Pfanne zu dem ausgelassenen Guanciale geben und durchschwenken. Die Schüssel mit der Ei-Käse-Mischung über dem Pastawasser leicht erwärmen und mit der Pasta und Petersilie verrühren, bis die Eiermasse die Spaghetti cremig glasiert. Nicht stocken lassen. Abschmecken, auf vier vorgewärmten Tellern anrichten und sofort servieren. Zusätzlichen geriebenen Käse separat dazu reichen.

# SPAGHETTI AGLIO, OLIO E PEPERONCINO

## LADY GAGA – AMERICANO

| Für 4 Personen | 20 Min. Zubereitung |
|---|---|

Meersalz
500 g Spaghetti
8 Knoblauchzehen
2–4 getrocknete Peperoncini (rote Chilischoten; nach Belieben)
8 Stängel Petersilie
100 ml Olivenöl
Salt Flakes

MUSICA alla Potetto

**1.** In einem großen Topf reichlich Salzwasser zum Kochen bringen und die Spaghetti darin nach Packungsanweisung al dente kochen. Inzwischen den Knoblauch schälen und in Scheiben schneiden. Die Chilischoten im Mörser zerdrücken. Petersilie waschen, trocken schütteln und fein schneiden.

**2.** 2–3 Min. vor Ende der Kochzeit das Olivenöl und den Knoblauch in einer kalten Pfanne bei mittlerer Temperatur erhitzen. Der Knoblauch sollte nicht bräunen, sondern goldgelb braten.

**3.** Chili dazugeben und die Spaghetti mit ca. 8 EL Kochwasser direkt aus dem Topf in die Pfanne geben und mit der Petersilie unterrühren. Mit Salt Flakes abschmecken und sofort servieren. Dazu passen gebratene Garnelen.

# PACCHERI ALLA VODKA

## Yolanda Be Cool & DCUP – We No Speak Americano

Für 4 Personen | 20 Min. Zubereitung

Meersalz
500 g Paccheri
8 Stängel Petersilie
250 ml kräftiger Tomatensugo (siehe S. 39)
150 ml Wodka
Chiliflocken (nach Belieben)
200 g Sahne
Pfeffer
100 g geriebener Parmesan + mehr zum Servieren

MUSICA alla Potetto

**1.** In einem großen Topf reichlich Salzwasser zum Kochen bringen und die Paccheri darin nach Packungsanweisung al dente kochen. Petersilie waschen, trocken schütteln und fein schneiden.

**2.** Den Tomatensugo in einer Pfanne langsam aufkochen lassen und mit dem Wodka ablöschen. Einkochen lassen und mit der Sahne auffüllen. Nochmals aufkochen und kräftig mit Salz und Pfeffer abschmecken.

**3.** Pasta mit einer Pastakralle direkt aus dem Topf zum Sugo geben, den Parmesan dazugeben und unterrühren. Je nach Sämigkeit noch etwas Pastawasser dazugeben. Mit der Petersilie durchschwenken und auf vier vorgewärmten Tellern anrichten. Mit Parmesan servieren.

# MAC & CHEESE ALLA POLETTO

## Bruce Springsteen – Born in the U.S.A.

Für 4 Personen | 30 Min. Zubereitung, 15 Min. Backen

Meersalz
500 g Maccheroncini
200 g Fontina
150 g Parmesan
50 g Butter + Butter für die Form
30 g Mehl
500 ml Milch
2 TL Dijon-Senf
Pfeffer
frisch geriebene Muskatnuss
30 g Semmelbrösel

Für den Salat
4 Scheiben Tiroler Schinkenspeck
60 g Walnusskerne
4 Radicchio trevisano (ersatzweise Chicorée)
2 Äpfel (z. B. Braeburn)
4 EL Apfelbalsamessig
2 EL Walnussöl
2 EL Rapsöl
1 EL Ahornsirup
Meersalz, Pfeffer

**1.** In einem großen Topf reichlich Salzwasser zum Kochen bringen und die Maccheroni darin nach Packungsanweisung knapp al dente kochen, abgießen und mit kaltem Wasser abschrecken. Inzwischen Fontina in kleine Würfel schneiden, Parmesan fein reiben. Beide Käsesorten in einer Schüssel mischen.

**2.** Backofen auf 220° vorheizen und eine Auflaufform fetten. Übrige Butter in einem Topf zerlassen, das Mehl dazugeben und anbraten. Nach und nach die Milch dazugeben und mit einem Schneebesen glatt rühren. Bei kleiner Hitze ca. 5 Min. köcheln lassen, dabei gelegentlich umrühren. Zwei Drittel der Käsemischung in die Béchamelsauce geben und unter Rühren schmelzen lassen.

**3.** Senf dazugeben und mit Salz, Pfeffer und Muskat abschmecken. Die Pasta dazugeben und gut vermengen. Alles in eine gebutterte Auflaufform geben, die restliche Käsemischung mit den Semmelbröseln mischen und darüberstreuen. Im Backofen (Mitte) 10–15 Min. goldgelb backen.

**4.** Ein Backblech mit Backpapier auslegen, den Schinkenspeck nebeneinander darauf platzieren und zum Auflauf in den Ofen schieben, bis er knusprig ist.

**5.** Die Walnüsse grob hacken und in einer kleinen Pfanne ohne Fett anrösten, bis sie duften. Den Radicchio putzen, waschen und trocken schleudern. Die Äpfel waschen, entkernen und in feine Scheiben schneiden. Den Apfelessig mit den Ölen und dem Ahornsirup vermischen und mit Salz und Pfeffer abschmecken.

**6.** Den Salat mit den Apfelscheiben und dem Dressing in einer Salatschüssel marinieren. Den Schinkenspeck und die Walnüsse darübergeben und zu den Mac & Cheese servieren.

MUSICA *alla Potetto*

# LASAGNE ALLA NORMA

## Vincenzo Bellini – Norma

Für 4 Personen | 1 Std. Zubereitung, 45 Min. Backen

**1.** Den Blütenansatz der Auberginen abschneiden und die Frucht längs in ca. 5 mm dicke Scheiben schneiden. Salzen, in ein Sieb schichten, beschweren und 30 Min. stehen lassen. Die Auberginenscheiben auf Küchenpapier ausdrücken.

**2.** Eine große Pfanne mit reichlich Olivenöl erhitzen. Die Auberginenscheiben darin nach und nach in ca. 1 Minute je Seite goldgelb braten, herausnehmen und auf Küchenpapier entfetten.

**3.** Den Backofen auf 180° Umluft vorheizen. Eine Auflaufform mit Olivenöl auspinseln. Fior di latte grob zerpflücken, Parmesan fein reiben.

**4** Abwechselnd Arrabiata-Sauce, Auberginenscheiben, Lasagneblätter, Basilikum, Fior di latte und Parmesan schichten. In dieser Reihenfolge fortfahren, bis die Auberginen die oberste Schicht bilden. Mit Parmesan abschließen. Die Lasagne im Ofen (Mitte) 40–45 Min. backen.

**Für die Auberginen**

- 3 Auberginen
- Meersalz
- Olivenöl zum Braten

**Zum Fertigstellen**

- Olivenöl für die Form
- 500 g Fior di latte
- 150 g Parmesan
- 500 ml Arrabbiata-Sauce (siehe S. 73)
- 500 g Lasagneblätter
- 20 Basilikumblätter

MUSICA alla Potetto

# CASARECCE MIT GARNELEN

## Boney M – Daddy Cool

| Für 4 Personen | 30 Min. Zubereitung |
|---|---|

4–8 Garnelen (z. B. Black Tiger; Größe M)
4 EL Olivenöl + mehr zum Servieren (nach Belieben)
abgeriebene Schale von 1 Bio-Zitrone
Meersalz
500 g Casarecce
2 kleine Zucchini
4 Knoblauchzehen
1 frische rote Chilischote
200 g Kirschtomaten
4 Stängel Minze
Salt Flakes
Pfeffer

MUSICA *alla Potetto*

1. Die Garnelen schälen, den Darm entfernen, abwaschen und auf Küchenpapier trocknen. Die Garnelen in Segmente schneiden und mit dem Olivenöl und Zitronenabrieb marinieren. In einem großen Topf reichlich Salzwasser zum Kochen bringen und die Casarecce darin nach Packungsanweisung al dente kochen.

2. Inzwischen die Zucchini waschen, die Enden abschneiden und halbieren. Die Zucchini aufrecht auf die Arbeitsfläche stellen und die grünen Randstücke von oben nach unten vom weichen Inneren abschneiden. In dünne Streifen schneiden.

3. Knoblauchzehen schälen und in dünne Scheiben schneiden. Chili waschen, trocken tupfen und Ringe schneiden. Kirschtomaten waschen und halbieren. Minze waschen und trocken schütteln. Die Spitzen beiseitelegen, die Blättchen von den Stängeln zupfen und fein schneiden.

4. Eine große Pfanne kräftig erhitzen und die marinierten Garnelen darin anbraten. Chili, Knoblauch und Zucchinistreifen dazugeben und kurz mitbraten. Mit Salt Flakes und Pfeffer abschmecken. Die Casarecce mit der Pastakralle aus dem Kochwasser nehmen und direkt in die Pfanne geben. Die Tomaten und Minze dazugeben und durchschwenken. Mit Salz, Pfeffer und nach Belieben etwas Olivenöl abschmecken. Die Pasta auf vier vorgewärmten Tellern anrichten, mit je einer Minzspitze garnieren und sofort servieren.

# LINGUINE ALLE VONGOLE

## Adriano Celentano – Azzurro

Für 4 Personen | 30 Min. Zubereitung

Meersalz
500 g Linguine
3 getrocknete Peperoncini (rote Chilischoten)
1 kg Venusmuscheln (z. B. Vongole veraci)
4 Knoblauchzehen
6 Stängel Petersilie
1 Zucchino
8 Kirschtomaten
1 EL Taggiasca-Oliven im eigenen Öl (entsteint; ersatzweise schwarze Oliven)
6–8 EL Olivenöl
100 ml Weißwein

MUSICA alla Potetto

**1.** In einem großen Topf reichlich Salzwasser zum Kochen bringen und die Linguine darin nach Packungsanweisung knapp al dente kochen. 1 Chilischote hacken und mit den Muscheln in eine Schüssel geben. Muscheln unter fließendem kaltem Wasser waschen, dabei aneinanderreiben, um Kalk- und Sandablagerungen zu entfernen. Abgießen, abtropfen lassen und bereits geöffnete Exemplare aussortieren.

**2.** Knoblauch schälen und in Scheiben schneiden. Restliche Chilischoten zerreiben. Petersilie waschen, trocken schütteln, Blätter abzupfen und fein schneiden. Den Zucchino waschen, die Enden abschneiden und halbieren. Zucchinohälften aufrecht auf die Arbeitsfläche stellen und die grünen Randstücke von oben nach unten vom weichen Inneren abschneiden. In dünne Streifen schneiden. Tomaten waschen, trocken tupfen und vierteln, die Oliven in Ringe schneiden.

**3.** Eine große Pfanne erhitzen, Öl, Muscheln, Knoblauch, Zucchini und Chili dazugeben. Alles mit einem Holzlöffel verrühren und den Weißwein angießen. Alles bei mittlerer Hitze mit geschlossenem Deckel einige Min. garen, bis die Muschelschalen geöffnet sind. Geschlossene Exemplare entsorgen.

**4.** Die Linguine mit einer Pastakralle aus dem Kochwasser direkt in den Muschelsud geben. Die Oliven und Tomaten dazugeben, einmal aufkochen lassen und durchschwenken. Die Petersilie untermischen. Mit Meersalz und evtl. Olivenöl abschmecken. Auf vier vorgewärmten Tellern anrichten und sofort servieren.

# TAGLIATELLE AL TARTUFO

## Paolo Conte – Via con me

Für 4 Personen | 30 Min. Zubereitung

**1.** Den Nudelteig mithilfe einer Nudelmaschine zu dünnen Bahnen ausrollen. Teigbahnen auf die Chitarra legen, mit dem Nudelholz kräftig darüberrollen und in Tagliatelle schneiden. Tagliatelle wie Nester locker auf ein mit Semola bestäubtes Backpapier geben.

**2.** In einem großen Topf reichlich Salzwasser zum Kochen bringen und die Tagliatelle darin al dente kochen und in ein Sieb abgießen. Den Parmesansugo in einer großen Pfanne vorsichtig erwärmen.

**3.** Die abgetropften Tagliatelle in den heißen Sud geben und mit Salz und Pfeffer abschmecken. Auf vorgewärmten Tellern anrichten. Die Trüffel und nach Belieben Parmesan darüberhobeln und sofort servieren.

Für die Tagliatelle
- 1 Pastateig mit Ei (siehe S. 15)
- Semola di grano duro (Nudelgrieß aus Hartweizen) zum Arbeiten
- Meersalz
- Chitarra (trad. Werkzeug zur Herstellung von Pasta)

Zum Fertigstellen
- 500 ml Leichter Parmesan Sugo (siehe S. 46)
- Meersalz, Pfeffer
- ca. 40 g Trüffel
- Parmesan (nach Belieben)

MUSICA alla Potetto

# STRACCIATELLA CON STELLINE

## Chet Baker – I fall in love so easily

| Für 4 Personen | 20 Min. Zubereitung |
|---|---|

Meersalz
150 g Stelline
1 l Geflügel- oder Gemüsebrühe
8 Stängel Petersilie
3 Bio-Eier (M)
50 g geriebener Parmesan
1 Prise Cayennepfeffer
frisch geriebene Muskatnuss

MUSICA alla Potetto

**1.** In einem Topf reichlich Salzwasser zum Kochen bringen und die Stelline darin nach Packungsanweisung knapp al dente kochen.

**2.** Die Brühe in einem Topf bei großer Hitze zum Kochen bringen und mit Salz abschmecken.

**3.** Die Petersilie waschen, trocken schütteln und die Stängel entfernen. Die Blättchen fein hacken. Die Eier in eine Schüssel aufschlagen und verquirlen. Mit dem Parmesan, Salz, Cayennepfeffer, Muskat und Petersilie mischen.

**4.** Unter Rühren die Eimischung in die kochende Brühe gießen. Die Brühe für 2–3 Min. unter stetigem Rühren weiterköcheln lassen, bis die Eier zu stocken beginnen und sich Fäden bilden.

**5.** Die Stelline abgießen und in die Suppe geben. Auf vorgewärmten Tellern anrichten und sofort servieren.

# SPAGHETTI AL LIMONE E FINOCCHIO

## Fools Garden – Lemon Tree

Für 4 Personen | 25 Min. Zubereitung

Meersalz
500 g Spaghetti
2 Amalfi-Zitronen (ersatzweise Bio-Zitronen)
1 kleine Salzzitrone aus dem Glas
80 g Burrata
4 cl Limoncello
1 Knolle Fenchel
1 Bund Rucola
80 g Parmesan
4 Stängel Basilikum
Olivenöl
Pfeffer

MUSICA *alla Potetto*

**1.** In einem großen Topf reichlich Salzwasser zum Kochen bringen und die Spaghetti darin nach Packungsanweisung al dente kochen.

**2.** Inzwischen die Zitronen heiß abwaschen, abtrocknen, die Schale abreiben und den Saft auspressen. Salzzitrone grob würfeln und mit der Burrata und dem Limoncello zu einer Creme pürieren.

**3.** Den Fenchel waschen, halbieren und den Strunk herausschneiden. Mithilfe einer Mandoline dünn hobeln. Den Rucola putzen, waschen und trocken schleudern. Parmesan fein reiben. Basilikum waschen und trocken schütteln. Die Blätter abzupfen und fein schneiden. Den Fenchel mit dem Rucola in eine Schüssel geben. Mit der Hälfte von Zitronenschale und -saft, Olivenöl, Salz und Pfeffer marinieren.

**4.** Spaghetti abgießen, kurz abtropfen und dann gleich mit der Zitronen-Burrata-Creme verrühren, bis alle Nudeln von einer cremigen Emulsion überzogen sind. Mit der übrigen Zitronenschale und -saft, Salz und Pfeffer abschmecken. Mit Olivenöl beträufeln und auf vorgewärmten Tellern anrichten. Den Fenchel-Rucola-Salat auf der Pasta anrichten und sofort servieren.

# TAGLIATELLE MIT STEINPILZEN

## Elton John & Kiki Dee – Don´t go breaking my heart

| Für 4 Personen | 40 Min. Zubereitung |
|---|---|

400 g frische Steinpilze
1 Schalotte
1 Knoblauchzehe
80 g Butter
Meersalz
Pfeffer
50 ml Weißwein
4 Zweige Rosmarin
4 Zweige Thymian
4 Stängel Petersilie
Olivenöl zum Frittieren

Zum Fertigstellen
8 Stängel Petersilie
150 g geriebener Parmesan + mehr zum Servieren
Meersalz
500 g Tagliatelle

MUSICA alla Potetto

1. Die Steinpilze putzen und in mundgerechte Stücke schneiden. Die Schalotte und den Knoblauch schälen und fein würfeln. Eine Pfanne erhitzen und die Butter darin aufschäumen. Schalotten- und Knoblauchwürfel darin anbraten. Die Steinpilze dazugeben und ebenfalls anbraten. Salzen und pfeffern. Mit Weißwein ablöschen und um die Hälfte einkochen lassen.

2. Die Kräuter waschen, trocken schütteln und die Blättchen abzupfen. Reichlich Öl in einer Pfanne erhitzen und die Kräuter darin ausbacken. Auf Küchenpapier entfetten, leicht salzen.

3. Zum Fertigstellen die Petersilie waschen, trocken schütteln und die Blättchen fein schneiden. 80 g Parmesan fein reiben. In einem Topf reichlich Salzwasser zum Kochen bringen und die Tagliatelle darin nach Packungsanweisung al dente garen, mithilfe der Pastakralle direkt zu den Steinpilzen geben und mit dem geriebenen Parmesan durchschwenken.

4. Gegebenenfalls etwas Pastawasser hinzufügen. Mit Salz und Pfeffer abschmecken, die Petersilie dazugeben und die Pasta in vorgewärmten, tiefen Tellern anrichten. Mit den gebackenen Kräutern garnieren. Übrigen Parmesan in dünnen Spänen darüberhobeln.

# PASTA
## alla Poletto

Zugegeben, nicht alle Rezepte in diesem Kapitel sind im Handumdrehen fertig. Aber die Mühe lohnt sich, wenn Sie sich und Ihre Gäste einmal besonders verwöhnen möchten.

# SPAGHETTINI
## alla Cavionara

| Für 4 Personen | 20 Min. Zubereitung |
|---|---|

Meersalz
500 g Spaghettini
100 g Parmesan
2 Eigelb
2 Eier
Pfeffer
2 hart gekochte Eier
10 Stängel Schnittlauch
50 g Kaviar (am besten AKI Black Selection)

**1.** In einem großen Topf reichlich Salzwasser zum Kochen bringen und die Spaghettini darin nach Packungsanweisung al dente garen.

**2.** Inzwischen Parmesan fein reiben und mit Eigelben und Eiern verrühren. Mit Salz und Pfeffer würzen. Hart gekochte Eier pellen und fein hacken. Schnittlauch waschen, trocken schütteln und in feine Röllchen schneiden.

**3.** Die Spaghettini mit der Pastakralle direkt aus dem Kochwasser zur Eimischung geben. Die Schnittlauchröllchen dazugeben, mit Salz, Pfeffer und gegebenenfalls Pastawasser durchschwenken.

**4.** Die Eiermasse sollte eine cremige Konsistenz haben und der Parmesan aufgelöst sein. Die Pasta nach Belieben in vier Tellern oder leeren Kaviardosen anrichten. Mit dem Kaviar und dem gehackten Ei fertigstellen und servieren.

CAVIAR
SELECTION
BLACK LABEL
MALOSSOL

# PARMESANKRONE

## mit Parmaschinken & Aceto balsamico di Modena

| | Für 4 Personen | 40 Min. Zubereitung, 2 Std. Kühlen |
|---|---|---|

**Für die Füllung**

- 250 ml leichter Parmesan Sugo (siehe S. 46)
- 150 g geriebener Parmesan
- Meersalz
- Pfeffer

**Für die Pastakrone**

- ½ Pastateig mit Ei (siehe S. 15)
- Semola di grano duro (Nudelgrieß aus Hartweizen) zum Arbeiten
- 1 Eiweiß
- Mehl zum Arbeiten
- Meersalz

**Für die Kräuter**

- 4 Zweige Rosmarin
- 4 Zweige Thymian
- 4 Stängel Petersilie
- Olivenöl zum Frittieren
- Meersalz

**Zum Fertigstellen**

- 4 EL Nussbutter (siehe S. 48)
- Aceto balsamico
- 8 hauchdünne Scheiben Parmaschinken
- 50 g Parmesan

**1.** Für die Füllung leichten Parmesan Sugo erwärmen. Den geriebenen Parmesan unterrühren. Mit Salz und Pfeffer würzen. Alles in einen Spritzbeutel geben und kalt stellen.

**2.** Für die Pastakrone ein Backblech mit Mehl ausstreuen. Den Pastateig mit dem Nudelgrieß bestreuen und mithilfe einer Nudelmaschine zu vier dünnen Teigbahnen ausrollen. Die Parmesanfüllung mittig auf die ausgerollten Nudelbahnen spritzen und die Ränder dünn mit Eiweiß einpinseln. Die Nudelbahn der Länge nach zusammenklappen, leicht andrücken und den Rand mit einem Teigrad abschneiden. Die zusammengeklappte Teigbahn zu einer »Schnecke« aufrollen und auf das Backblech geben.

**3.** Die Kräuter waschen, trocken schütteln und die Blättchen von den Zweigen bzw. Stängeln zupfen. Reichlich Öl in einer Pfanne erhitzen und die Kräuter darin knusprig ausbacken. Auf Küchenpapier entfetten, leicht salzen.

**4.** In einem großen Topf reichlich Salzwasser zum Kochen bringen. Die Hitze leicht reduzieren, die Pasta einzeln auf einer Schöpfkelle ca. 3 Min. ziehen lassen.

**5.** Zum Fertigstellen die Nussbutter in einer Pfanne zerlassen, die Pasta direkt hineingeben. Je eine »Pastakrone« in einen vorgewärmten, tiefen Teller geben und mit etwas Nussbutter und Balsamico beträufeln. Mit dem Parmaschinken und den gebackenen Kräutern fertigstellen. Parmesan darüberhobeln.

# CARAMELLE DI ZUCCA

## mit Amarettini & Nussbutter

| Für 4 Personen | 2 Std. Zubereitung, 2 Std. Kühlen |
|---|---|

**Für die Füllung**
- 1 kg Hokkaido-Kürbis
- 1 Eigelb
- 50 g geriebener Parmesan
- Meersalz
- Pfeffer
- frisch geriebene Muskatnuss

**Für den Kürbis**
- 75 g Zucker
- 100 ml Weißweinessig
- 1 TL Senfsaat
- 1 TL Pimentkörner
- 3 Lorbeerblätter
- 1 Nelke
- 1 Kardamomkapsel
- 2 Stück Langer Pfeffer

**Für die Caramelle**
- ½ Pastateig mit Ei (siehe S. 15)
- Semola di grano duro (Nudelgrieß aus Hartweizen) zum Arbeiten
- 1 Eiweiß
- Meersalz

**1.** Für die Füllung den Backofen auf 160° vorheizen. Den Kürbis halbieren, von Kernen und Fasern befreien und in Spalten schneiden. 200 g beiseitelegen. Die übrigen Kürbisspalten auf ein Backblech legen und im Ofen (Mitte) in 30–40 Min. weich garen. Den Kürbis leicht auskühlen lassen und mit einem Pürierstab fein pürieren. Die Kürbismasse in eine Schüssel geben und mit dem Eigelb und geriebenem Parmesan verrühren. Mit Salz, Pfeffer und 1 Prise Muskat abschmecken, abkühlen lassen und in einen Spritzbeutel füllen.

**2.** Den Zucker in einem Topf goldgelb karamellisieren lassen. Das Karamell mit 100 ml Wasser und dem Essig ablöschen. Die Gewürze in einen Teebeutel geben und in den Fond hängen. Den Fond auf die Hälfte einkochen lassen. Den beiseitegelegten Kürbis mit dem Gemüsehobel in dünne Streifen hobeln. Die Streifen in den Fond geben, einmal aufkochen lassen und beiseitestellen.

**3.** Den Pastateig mit dem Nudelgrieß bestreuen und mithilfe einer Nudelmaschine dünn ausrollen. Die Teigbahnen in 5 cm breite Streifen schneiden, die die Länge der Arbeitsfläche haben. In 5 cm großen Abständen etwa 3 cm Füllung auf die Teigstreifen geben. Die lange Teigseite dünn mit verquirltem Eiweiß bestreichen und das Teigrechteck der Länge nach aufrollen. Dabei sollte sich der Teig eng um die Füllung legen. Die Caramelle jeweils in der Mitte zwischen zwei Füllungen abtrennen. Die losen Enden zusammendrücken und dabei die Luft herausdrücken. Die Enden wie Bonbonpapier zusammendrehen und auf ein Pastagitter legen.

4. Zum Fertigstellen die Salbeiblätter von den Stängeln zupfen, waschen und trocken tupfen. Die Nussbutter in einer großen Pfanne erwärmen und die Salbeiblätter darin bei mittlerer Hitze knusprig ausbraten. Auf Küchenpapier entfetten.

Zum Fertigstellen

- 100 g Nussbutter (siehe S. 48)
- 4 Zweige Salbei
- 100 g Amarettini

5. In einem großen Topf reichlich Salzwasser zum Kochen bringen, die Kürbiscaramelle hineingeben und ca. 5 Min. ziehen lassen. Inzwischen Amarettini zerbröseln.

6. Die Caramelle mit der Pastakralle aus dem Wasser nehmen, in die Nussbutter geben und durchschwenken. Auf vier vorgewärmten Tellern anrichten und mit etwas Nussbutter, zerbröselten Amarettini, Kürbisstreifen und gebackenen Salbeiblättern anrichten.

## TIPP *alla Poletto*

**Wer der Pasta noch einen Extra-Kick verleihen möchte, hobelt zuletzt Scamorza darüber und toppt das Ganze mit gehackten Rauchmandeln.**

# GEFÜLLTE CONCHIGLIONI
## mit Kartoffeln & Waldpilzen

Für 4 Personen | 1 Std. 40 Min. Zubereitung

Für die Füllung
- 500 g Meersalz
- 4 mittelgroße Kartoffeln (z. B. Linda)
- 100 g Taleggio (ohne Rinde)
- 100 ml Milch
- 2 EL Butter
- Meersalz, Pfeffer
- frisch geriebene Muskatnuss

Für den Pilzfond
- 20 g getrocknete Steinpilze
- 1 Schalotte
- 1 Knoblauchzehe
- 2 EL Butter
- 1 Stück Parmesanrinde
- 50 ml Madeira
- 400 ml Gemüsefond
- je 2 Stängel Petersilie, Thymian, Majoran
- Meersalz, Pfeffer
- ca. 100 g Pilzabschnitte

**1.** Für die Füllung den Backofen auf 160° vorheizen, das Meersalz auf ein Backblech geben und die gewaschenen Kartoffeln mitsamt Schale darauflegen. Die Kartoffeln im Ofen (Mitte) ca. 45 Min. weich garen. Herausnehmen, halbieren und abkühlen lassen. Das Innere mit einem Esslöffel aus der Schale kratzen. Taleggio in kleine Würfel schneiden.

**2.** Die Milch mit der Butter und den Gewürzen zum Kochen bringen. Die warmen Kartoffeln inzwischen durch die Kartoffelpresse drücken. Die Milchmischung nur nach und nach dazugeben, damit die Masse nicht zu dünn wird. Die Kartoffelmasse mit dem Taleggio mischen und auskühlen lassen. In einen Spritzbeutel mit Lochtülle füllen.

**3.** Für den Pilzfond die getrockneten Steinpilze in eine Schüssel geben und mind. 30 Min. in kaltem Wasser einweichen. Die Schalotte und den Knoblauch schälen und fein würfeln. 1 EL Butter in einer Pfanne aufschäumen, Schalotten und Knoblauch darin glasig andünsten. Die eingeweichten Steinpilze (das Einweichwasser aufheben) dazugeben.

**4.** Die Parmesanrinde dazugeben und mit Madeira und Einweichwasser ablöschen. Einkochen lassen und den Gemüsefond angießen. Die Kräuter waschen, trocken schütteln und mit den Pilzabschnitten hinzufügen. Den Fond auf gut die Hälfte einköcheln lassen. Durch ein Spitzsieb passieren und mit der restlichen Butter, Salz und Pfeffer abschmecken.

5. Zum Fertigstellen den Backofen auf 220° vorheizen. In einem großen Topf reichlich Salzwasser zum Kochen bringen und die Conchiglioni darin nach Packungsanweisung al dente kochen, abgießen und kalt abschrecken. Parmesan reiben.

6. Eine Auflaufform mit Olivenöl auspinseln. Die Kartoffelmasse in die Pasta füllen und in die Auflaufform geben. Mit geriebenem Parmesan bestreuen und im Ofen (Mitte) goldgelb gratinieren.

7. Die Waldpilze säubern, bei Bedarf mit einem Tuch abreiben und je nach Größe halbieren oder vierteln. Petersilie waschen, trocken schütteln und fein schneiden. Butter in einer Pfanne aufschäumen lassen. Die Pilze dazugeben und darin anbraten. Den Pilzfond dazugeben und mit Salz, Pfeffer und der Hälfte der Petersilie abschmecken. Die gebratenen Pilze mit etwas Fond in vier vorgewärmten, tiefen Tellern anrichten. Die gratinierten Conchiglioni daraufgeben. Mit übriger Petersilie bestreuen und servieren.

Zum Fertigstellen
- Meersalz
- 20–24 Stück Conchiglioni
- 100 g Parmesan
- Olivenöl für die Form
- 200 g gemischte Waldpilze
- einige Stängel Petersilie
- 2 EL Butter

# AGNOLOTTI
## alla carbonara

| Für 4 Personen | 1 Std. 30 Min. Zubereitung, 1 Std. Kühlen |
|---|---|

**Für die Füllung**

- 2 Blatt Gelatine
- 50 g Pecorino
- 8 Eigelb
- Meersalz
- Pfeffer
- 4 EL geschlagene Sahne

**Für den Specksud**

- 4 Scheiben Pancetta
- 2 Zweige Thymian
- 1 Zweig Rosmarin
- 1 Schalotte
- 1 Knoblauchzehe
- 30 ml Weißwein
- 250 ml Geflügelfond
- 2 Stängel Petersilie
- 50 g kalte Butterwürfel
- Meersalz
- Pfeffer

**Für die Agnolotti**

- ½ Pastateig mit Ei (siehe S. 15)
- Semola di grano duro (Nudelgrieß aus Hartweizen) zum Arbeiten
- 1 Eiweiß
- Mehl zum Arbeiten
- Meersalz

**1.** Für die Füllung die Gelatine einzeln in kaltem Wasser einweichen. Pecorino reiben. Die Eigelbe in einer Metallschüssel über dem heißen Wasserbad mit den Rührbesen des Handrührgeräts schaumig aufschlagen. Die eingeweichte Gelatine in der warmen Eigelbmasse auflösen, danach die Masse kalt schlagen. Mit dem geriebenen Pecorino, Salz und Pfeffer würzen. Die geschlagene Sahne unterheben. In einen Spritzbeutel füllen und mind. 1 Std. kalt stellen.

**2.** Für den Specksud Pancetta in Streifen schneiden. Die Kräuter waschen und trocken schütteln. Die Schalotte und den Knoblauch schälen und in feine Würfel schneiden. Pancetta in einer Pfanne ohne Fett ausbraten, Schalotten, Knoblauch und Kräuter dazugeben und 3 Min. mitbraten. Mit Weißwein ablöschen und einkochen lassen.

**3.** Mit dem Geflügelfond auffüllen und auf die Hälfte reduzieren lassen. Petersilie waschen, trocken schütteln und fein schneiden. Fond durch ein feines Sieb passieren. Erneut aufkochen lassen und die kalten Butterwürfel einrühren. Petersilie dazugeben und mit Salz und Pfeffer abschmecken.

**4.** Den Pastateig mit dem Nudelgrieß bestreuen und mithilfe einer Nudelmaschine dünn ausrollen. Jeweils 1 TL Füllung mit etwas Abstand in der Mitte der Nudelbahn verteilen. Die Zwischenräume dünn mit Eiweiß bestreichen und die Nudelbahn darüberklappen. Mit einem gezackten Nudelrad in quadratische Täschchen schneiden. Auf ein mehliertes Backblech oder Pastagitter legen.

**5.** Zum Fertigstellen Pancetta in dünne Streifen schneiden und ohne Öl knusprig ausbraten. Auf Küchenpapier entfetten. Die Petersilie waschen, trocken schütteln und die Blätter fein schneiden.

**6.** In einem großen Topf reichlich Salzwasser zum Kochen bringen. Die Hitze leicht reduzieren, Agnolotti hineingeben und 3–4 Min. sieden lassen. Den Specksud in einer Pfanne erhitzen, die Agnolotti dazugeben und glasieren. Agnolotti auf vier vorgewärmten Tellern anrichten. Mit frisch gehobeltem Pecorino, dem knusprigen Pancetta und Petersilie garnieren.

**Zum Fertigstellen**

- 8 Scheiben Pancetta
- 4 Stängel Petersilie
- 50 g Pecorino

## TIPP *alla Poletto*

**Das Original stammt aus der Region Latium und soll von Köhlern (ital. carbonari) zubereitet worden sein. Vielleicht haben es aber auch amerikanische Soldaten mitgebracht …**

# ERBSENRAVIOLI

## mit Zitronen-Carpaccio & Gambero Rosso

| Für 4 Personen | 2 Std. Zubereitung, 2 Std. Kühlen |
|---|---|

Für die Füllung

- 1 Schalotte
- 2 Zweige Thymian
- 4 EL Olivenöl
- 400 g TK-Erbsen
- Meersalz
- Pfeffer
- 50 ml Noilly Prat
- 200 ml Gemüsebrühe
- 1 Bio-Zitrone

Für die Ravioli

- ½ Pastateig mit Ei (siehe S. 15)
- Semola di grano duro (Nudelgrieß aus Hartweizen) zum Arbeiten
- Mehl zum Arbeiten
- 1 Eiweiß
- Meersalz
- Raviolistempel

Für die Gamberi

- 4 Gamberi rossi
- Zitronenöl
- Piment d'espelette
- Meersalz

**1.** Für die Füllung die Schalotte schälen und in feine Würfel schneiden. Thymian waschen und trocken schütteln. Das Öl in einer Pfanne erhitzen und Schalotten und Thymian darin glasig andünsten. Die TK-Erbsen dazugeben und mit Meersalz und Pfeffer würzen. Mit Noilly Prat ablöschen, einkochen lassen und mit der Gemüsebrühe aufgießen. Die Erbsen köcheln lassen, bis sie weich sind. Pürieren und nach Belieben durch ein Sieb streichen. Die Zitrone heiß waschen und abtrocknen. Die Schale fein abreiben und den Saft auspressen. Erbsenpüree mit Meersalz, Pfeffer und etwas abgeriebener Zitronenschale abschmecken. Die Füllung abkühlen lassen.

**2.** Für die Ravioli den Pastateig mit dem Nudelgrieß bestreuen und mithilfe einer Nudelmaschine dünn ausrollen. Eine Teigbahn auf der bemehlten Arbeitsfläche auslegen und je 1 TL Füllung mit etwas Abstand daraufgeben. Die Zwischenräume dünn mit verquirltem Eiweiß bestreichen und eine weitere Teigbahn darüberlegen. Um die Füllung herum fest andrücken und mit einem Raviolistempel (4 cm ø) ausstechen.

**3.** Die Gamberi aus der Schale brechen und den Darm entfernen. Kalt abbrausen und mit Küchenpapier trocken tupfen. In feine Würfel schneiden und mit Zitronenöl, Piment d'espelette, Salz und Zitronensaft und übrigem -abrieb abschmecken.

**Zum Fertigstellen**
- 1 Cedro-Zitrone
- Olivenöl zum Einpinseln
- 2 Zweige Minze
- 200 g frische Erbsen (gepalt und blanchiert)
- Olivenöl
- Meersalz, Pfeffer
- 100 g Burratacreme (siehe S. 50)
- Erbsensprossen
- Minzöl (siehe S. 51)

**4.** Zum Fertigstellen die Cedro-Zitrone waschen, trocken tupfen und mit der Mandoline oder einer Aufschnittmaschine in hauchdünne Scheiben schneiden. vier Teller mit Olivenöl einpinseln und die Zitronenscheiben als Carpaccio darauf auslegen. Die Minze waschen und trocken schütteln. Die Blättchen abzupfen und in feine Streifen schneiden.

**5.** In einem großen Topf reichlich Salzwasser zum Kochen bringen. Die Hitze leicht reduzieren, die Ravioli hineingeben und 3–4 Min. sieden lassen. Die Erbsen in wenig Olivenöl in einer Pfanne erwärmen. Mit Salz und Pfeffer abschmecken. Die gegarten Ravioli dazugeben und mit den Erbsen auf dem Zitronen-Carpaccio anrichten.

**6.** Das Gamberi-Tatar zu kleinen Nocken formen und jeweils eine davon auf jede Ravioli geben. Die Burratacreme zwischen den Ravioli anrichten. Mit den Erbsensprossen, Minzstreifen und -öl garnieren und sofort servieren. Alternativ zur Cedro-Zitrone passt auch ein Carpaccio von der San Marzano Tomate.

# OSSOBUCO-TORTELLI

## alla milanese

| Für 4 Personen | 3 Std. Zubereitung |
|---|---|

Für die Füllung

- 2 Kalbsbeinscheiben (4 cm dick)
- 100 g Möhren
- 100 g Staudensellerie
- 100 g Schalotten
- 2 Strauchtomaten
- 2 Knoblauchzehen
- 2 EL Butterschmalz
- 2 EL Tomatenmark
- 1 TL weiße Pfefferkörner
- 1 Zweig Rosmarin
- 100 ml Weißwein
- 250 ml Kalbsfond
- 2 Sardellenfilets
- 1 EL Butter
- 1 EL Mehl
- 4 Stängel Petersilie
- 1 Bio-Zitrone
- Meersalz
- Pfeffer

Für die Tortelli

- ½ Pastateig mit Ei (siehe S. 15)
- Semola di grano duro (Nudelgrieß aus Hartweizen) zum Arbeiten
- 1 Eiweiß
- Meersalz

**1.** Für die Füllung den Backofen auf 160° vorheizen. Die Kalbsbeinscheiben waschen und trocken tupfen. An den Seiten einritzen, damit sie sich beim Braten nicht wölben. Gemüse waschen, schälen und grob würfeln. Knoblauch schälen.

**2.** Bräter erhitzen, Kalbsbeinscheiben von beiden Seiten im Butterschmalz kräftig anbraten. Kalbsbeinscheiben herausnehmen und das Gemüse mit 1 Knoblauchzehe in den Bräter geben und anbraten. Tomatenmark, Pfefferkörner und Rosmarinzweig dazugeben. Mit Weißwein auffüllen und auf die Hälfte einkochen lassen. Kalbsfond angießen und aufkochen lassen. Die angebratenen Kalbsbeinscheiben auf das Gemüse legen und im Ofen (Mitte) zugedeckt ca. 1 Std. schmoren lassen. Die Backofentemperatur auf 140° reduzieren und die Beinscheiben 1 weitere Std. garen.

**3.** Kalbsbeinscheiben herausnehmen und das Fleisch vom Knochen zupfen und beiseitestellen. Den Schmorfond durch ein feines Sieb in einen Topf passieren, entfetten und aufkochen lassen. Sardellenfilets und übrige Knoblauchzehe fein hacken. Mit der Butter und dem Mehl verkneten und nach und nach in den kochenden Fond rühren, sodass dieser leicht bindet. Den gezupften Ossobuco dazugeben. Die Petersilie waschen, trocken schütteln und Blätter fein schneiden. Zitrone heiß waschen, abtrocknen und die Schale fein abreiben. Petersilie und die Hälfte der Zitronenschale in den gezupften Ossobuco geben. Mit Salz und Pfeffer würzen. Erkalten lassen.

**4.** Pastateig mit dem Nudelgrieß bestreuen und mithilfe einer Nudelmaschine dünn ausrollen, in Kreise oder Quadrate von ca. 6 cm ø bzw. Seitenlänge ausstechen. Jeweils 1 TL Füllung in die Mitte geben, die Ränder mit Eiweiß bestreichen, zu Tortelli formen und aufrecht auf ein Pastagitter stellen.

**5.** Möhren waschen, schälen und in ca. 1 cm große Würfel schneiden, Grün beiseitelegen. Eingelegte Zitrone mitsamt Schale in 1 cm große Würfel schneiden. Butter in einem Topf erhitzen und die Möhrenwürfel darin anbraten. Safran und Zitronenwürfel dazugeben und sofort mit Noilly Prat ablöschen. Möhrenwürfel al dente garen. Das Möhrengrün waschen, trocken schütteln und fein schneiden. Zu den Möhrenwürfeln geben und mit Salz abschmecken.

**6.** Für den Knusper die Petersilie waschen, trocken schütteln und die Blättchen fein schneiden. Nussbutter erhitzen und Panko darin goldgelb schwenken. Aus der Pfanne nehmen, auf Küchenpapier abtropfen lassen und mit Petersilie und übrigem Zitronenabrieb mischen. Mit Salz und Pfeffer abschmecken.

**7.** In einem großen Topf reichlich Salzwasser zum Kochen bringen. Hitze leicht reduzieren, Tortelli einlegen und ca. 3 Min. ziehen lassen. Zum Fertigstellen die 50 g Nussbutter in einer Pfanne erhitzen, die gegarten Tortelli darin durchschwenken. Safranmöhren und Tortelli auf vier vorgewärmten Tellern anrichten. Mit Parmesanspänen und Knusper bestreuen und servieren.

Für die Safranmöhren

- 2 große Möhren mit Grün
- 1 kleine eingelegte Salzzitrone
- 50 g Butter
- 0,2 g Safranfäden
- 50 ml Noilly Prat
- Meersalz

Für den Knusper

- 6 Stängel Petersilie
- 4 EL Nussbutter (siehe S. 48)
- 6 EL Panko (ersatzweise Paniermehl)
- Meersalz
- Pfeffer

Zum Fertigstellen

- 50 g Nussbutter (siehe S. 48)
- 50 g Parmesan

# TORTELLONI DI MARRONI

## mit Burgunderkraut & Lardo di Colonnata

| | Für 4 Personen | 2 Std. 30 Min. Zubereitung, 2 Std. Kühlen |
|---|---|---|

Für die Maronenfüllung

- 400 g Maronen (geschält und gekocht)
- je 50 g Schalotte, Möhre, Knollen- und Staudensellerie
- je 1 Zwei Rosmari- und Thymian
- 1 EL Butter
- Meersalz
- Pfeffer
- 20 ml Noilly Prat
- 250 ml Gemüsefond
- 50 g Sahne

Für die Tortelloni

- ½ Pastateig mit Ei (siehe S. 15)
- Semola di grano duro (Nudelgrieß aus Hartweizen) zum Arbeiten
- 1 Eiweiß
- Meersalz

Für den Pfefferschaum

- 1 Schalotte
- 20 g Butter
- 2 EL weiße Pfefferkörner
- 2 cl Cognac
- 100 ml Weißburgunder
- 200 ml Gemüsefond

**1.** 4 Maronen beiseitestellen. Übrige grob hacken. Gemüse putzen und würfeln. Kräuter waschen und trocken schütteln. Die Butter in einem Topf aufschäumen und Maronen, Gemüse und Kräuterzweige darin anbraten. Salzen, pfeffern und mit dem Noilly Prat ablöschen. Einkochen lassen. Gemüsefond und Sahne angießen. 20 Min. köcheln lassen, bis fast die ganze Flüssigkeit verkocht ist. Evtl. Fond nachgießen. Kräuterzweige entfernen.

**2.** Die Maronen pürieren und mit Salz und Pfeffer abschmecken. Die Füllung auskühlen lassen und in einen Spritzbeutel mit Lochtülle füllen.

**3.** Den Teig mit Nudelgrieß bestreuen und mithilfe einer Nudelmaschine dünn ausrollen, Quadrate mit ca. 8 cm Kantenlänge ausschneiden. Jeweils 1 TL Füllung in die Mitte geben, die Ränder dünn mit Eiweiß bestreichen und diagonal zuerst zu Dreiecken formen. Danach die Spitze des Dreiecks über die Füllung biegen, die Pasta um einen Finger wickeln und die beiden langen Enden glatt zusammendrücken. Die Tortelloni aufrecht auf ein mit Semola bestreutes Backblech stellen.

**4.** Für den Pfefferschaum die Schalotte schälen und fein würfeln. Die Butter in einer Pfanne aufschäumen und die Schalotten darin anbraten. Die Pfefferkörner dazugeben. Mit Cognac und Riesling ablöschen, alles auf die Hälfte einkochen lassen. Dann mit dem Gemüsefond und der Sahne auffüllen. Nochmals alles auf die Hälfte einkochen lassen. Die Sauce durch ein feines Sieb passieren und mit Salz abschmecken.

**5.** Das Sauerkraut kurz abbrausen und in einem Sieb abtropfen lassen. Die Zwiebeln schälen und fein würfeln. Gänseschmalz erhitzen und die Zwiebeln darin glasig andünsten. Den Kastanienhonig dazugeben und leicht karamellisieren lassen. Übrige Zutaten dazugeben, aufkochen lassen und das Sauerkraut auf mittlerer Temperatur ca. 2 Std. köcheln lassen. Mit Salz und Pfeffer abschmecken. Warm halten.

**6.** In einem großen Topf reichlich Salzwasser zum Kochen bringen. Hitze leicht reduzieren, die Tortelloni hineingeben und 3–4 Min. sieden lassen. Pfefferschaum in einer Pfanne erhitzen, die gegarten Tortelloni hineingeben und durchschwenken. Je 1 EL Burgunderkraut auf vier vorgewärmten Tellern anrichten. Die Tortelloni daraufsetzen, etwas Pfefferschaum darüberträufeln.

**7.** Beiseitegestellte Maronen hauchdünn hobeln. Tortelloni mit je 1 Scheibe Lardo di Colonnata und gehobelten Maronen fertigstellen und sofort servieren.

50 g Sahne
Meersalz

Für das Kraut

200 g Sauerkraut
100 g Zwiebeln
1 EL Gänseschmalz
2 EL Kastanienhonig
je 50 ml Weißburgunder, Apfel- und Orangensaft
1 Gewürzsäckchen mit
1 Nelke
2 Lorbeerblättern
5 Pimentkörnern
Meersalz
1 TL weißer Pfeffer

Zum Fertigstellen

4 Scheiben Lardo di Colonnata

# LINGUINE

## alle erbe di Francoforte

| Für 4 Personen | 40 Min. Zubereitung |
|---|---|

Für die Kräutercreme
- 100 g Parmesan
- 1 Bund Kräuter »Frankfurter Grüne Sauce«
- 100 ml Gemüsefond
- 50 ml Olivenöl
- Meersalz
- Pfeffer

Für das Gemüse
- 1 Bund grüner Spargel
- 2 grüne Zucchini
- 200 g Zuckerschoten
- 1 Bund Frühlingszwiebeln
- 2 Knoblauchzehen
- 2 EL Olivenöl
- Meersalz, Pfeffer

Zum Fertigstellen
- Meersalz
- 300 g Linguine
- 1 Bio-Zitrone
- 100 g Burratacreme (siehe S. 50)
- Kresse
- Parmesan

1. Parmesan fein reiben. Die Kräuter waschen und trocken schütteln. Harte Stängel entfernen und mit dem Gemüsefond und Olivenöl in einem Standmixer pürieren. Mit Parmesan, Salz und Pfeffer würzen.

2. Den grünen Spargel waschen und die Enden abschneiden. Die Stangen im unteren Drittel schälen und jede Stange längs vierteln. Die Zucchini waschen, trocken tupfen und die Schale in lange, dünne Streifen schneiden (wie Linguine). Die Zuckerschoten putzen und längs in feine Streifen schneiden. Die Frühlingszwiebeln waschen, putzen und bei Bedarf längs halbieren. Den Knoblauch schälen und fein würfeln.

3. In einem Topf reichlich Salzwasser zum Kochen bringen und die Linguine darin nach Packungsanweisung al dente kochen. Das Öl in einer Pfanne erhitzen und das Gemüse bei mittlerer Hitze darin schwenken. Etwas Nudelwasser dazugeben und das Gemüse garen, bis es knackig ist. Mit Salz und Pfeffer würzen.

4. Zum Fertigstellen die Zitrone heiß waschen und abtrocknen. Die Schale fein abreiben und den Saft auspressen. Die Linguine mit einer Pastakralle direkt zum Gemüse geben, die Hälfte der Kräutercreme unter die Nudeln rühren. Mit Zitronenschale und -saft abschmecken. Die Pasta auf vier vorgewärmten Tellern anrichten. Mit Burratacreme, der übrigen Kräutercreme, Kresse und Parmesanspänen garnieren.

# PACCHERI RIGATI

## al ragù dell'isola di Mallorca

| Für 4 Personen | 1 Std. Zubereitung |
|---|---|

**1.** Die Sobrasada vom Darm befreien und in grobe Würfel schneiden. Zwiebel und Knoblauchzehen schälen und fein würfeln. Die Pimientos in einem Sieb abtropfen lassen und in Würfel schneiden.

**2.** Einen breiten Topf oder Bräter erhitzen, Olivenöl dazugeben und die Sobrasada darin unter Rühren anbraten. Zwiebeln, Knoblauch und Pimientos dazugeben, mit Salz, Pfeffer und Paprikapulver würzen und einige Min. mitbraten. Das Lorbeerblatt dazugeben und alles mit dem Weißwein ablöschen und einkochen lassen. Die Tomaten zum Ragù geben und alles für ca. 20 Min. köcheln lassen. Lorbeerblatt entfernen, abschmecken und warm halten.

**3.** In einem großen Topf reichlich Salzwasser zum Kochen bringen und die Paccheri darin nach Packungsanweisung al dente garen. Inzwischen die Pulpoarme auf dem Grill oder in einer Grillpfanne von allen Seiten grillen. Herausnehmen und in Segmente schneiden. Mit Zitronenabrieb, Salt Flakes und Pfeffer würzen.

**4.** Die Petersilie waschen und trocken schütteln. Die Blätter abzupfen und fein schneiden. Die Paccheri mit einer Nudelkralle direkt in das Ragù geben. Alles durchschwenken und mit Petersilie bestreuen. Die Pasta auf vorgewärmten Teller anrichten, mit dem Pulpo garnieren.

Für das Ragù
- 300 g Sobrasada de Mallorca
- 1 große Gemüsezwiebel
- 4 Knoblauchzehen
- 260 g Pimientos (gegrillte Paprika)
- 2 EL Olivenöl
- Meersalz
- Pfeffer
- geräuchertes Paprikapulver
- 1 Lorbeerblatt
- 150 ml Weißwein
- 400 g stückige Tomaten (Glas oder Dose)

Zum Fertigstellen
- Meersalz
- 500 g Paccheri
- 3–4 gegarte Pulpoarme
- Olivenöl zum Braten
- abgeriebene Schale von 1 Bio-Zitrone
- Salt Flakes
- Pfeffer
- 4 Stängel Petersilie

# TAGLIATELLE
## alla pollonara

| | Für 4 Personen | 50 Min. Zubereitung |
|---|---|---|

Für die Pasta

- 2 Maishähnchenbrüste
- Meersalz
- Brathähnchengewürz
- 120 g Parmesan
- 2 Eigelb, 1 Ei
- Pfeffer
- frisch geriebene Muskatnuss
- 200 g Pfifferlinge
- 2 Zweige Thymian
- 250 g Baby-Blattspinat
- 1 Knoblauchzehe
- 2 EL Butter
- 500 g Tagliatelle

Zum Fertigstellen

- 1 EL fein geschnittener Liebstöckel
- Liebstöckelöl (siehe S. 53)

1. Von den Hähnchenbrüsten die Haut abziehen, flach auf ein Holzbrett legen und mehrmals mit einer dünnen Rouladennadel einstechen. Die Haut mit Salz und Brathähnchengewürz leicht würzen. Die Haut zwischen zwei Lagen Backpapier in eine Pfanne legen, mit einem Topf beschweren und bei mittlerer Hitze knusprig braten.

2. Auf Küchenpapier erkalten lassen, mit Brathähnchengewürz abschmecken und klein hacken. Parmesan reiben und mit Eigelben und Ei verrühren, alles zusammen mit Salz, Pfeffer und Muskat würzen.

3. Die Pfifferlinge säubern. Thymian waschen und trocken schütteln. Spinat waschen, verlesen und trocken schleudern. Die Hähnchenbrüste in Würfel schneiden. Knoblauch schälen und mit der flachen Messerseite leicht andrücken. Mit 1 EL Butter in einer Pfanne aufschäumen. Die Maishähnchenwürfel salzen, pfeffern, dazugeben und kurz anbraten. Die Pfifferlinge und Thymian dazugeben und ebenfalls kurz mitbraten. Pilze mit Salz und Pfeffer abschmecken.

4. Den Knoblauch und die Kräuterzweige entfernen, das Fleisch und die Pilze abschmecken, aus der Pfanne nehmen und warm halten. Pfanne mit einem Küchenpapier auswischen, übrige Butter hineingeben und aufschäumen. Babyspinat dazugeben und zusammenfallen lassen. Mit Salz, Pfeffer und Muskatnuss würzen und warm stellen.

4. In einem großen Topf reichlich Salzwasser zum Kochen bringen und die Tagliatelle darin nach Packungsanweisung al dente kochen. Die Pasta mit einer Pastakralle direkt in eine große Pfanne schöpfen. Mit der Ei-Parmesan-Mischung verrühren, gegebenenfalls mit etwas Pastawasser verdünnen und abschmecken. Zuletzt den Liebstöckel, die gebratenen Maishähnchenstücke und Pfifferlinge und den Spinat unterheben. In vier vorgewärmten, tiefen Teller anrichten, die knusprige Hähnchenhaut darüberstreuen, mit Liebstöckelöl servieren.

# VENEZIANISCHE SPAGHETTI

## mit Miesmuscheln & Curry

Für 4 Personen | 45 Min. Zubereitung

Für den Muschelsugo:

- 2 kg Miesmuscheln
- 1 Stück Ingwer
- 2 Stangen Staudensellerie
- 1 Schalotte
- 2 Knoblauchzehen
- 4 Stängel Petersilie
- 2 EL Olivenöl
- 2 EL Ahornsirup
- 1 TL Currypulver
- 1 TL Fenchelsamen
- 100 ml Weißwein
- 2 EL Pernod
- 100 ml Tomatensaft
- 100 g Sahne
- 1 TL Worcestersauce
- abgeriebene Schale und Saft von 1 Bio-Zitrone
- Meersalz, Cayennepfeffer

Zum Fertigstellen

- Meersalz
- 500 g Spaghetti
- 150 g Baby-Blattspinat
- 4 Zweige Estragon
- 12 St. halbgetrocknete Kirschtomaten

**1.** Die Muscheln putzen, entbarten, mit kaltem Wasser abspülen und abtropfen lassen. Ingwer schälen und fein würfeln. Staudensellerie waschen, putzen und in feine Würfel schneiden. Schalotte und Knoblauch schälen und in kleine Würfel schneiden. Petersilie waschen und trocken schütteln. Einen großen Topf erhitzen, die Muscheln und danach das Olivenöl unter ständigem Rühren hineingeben.

**2.** Die Hitze reduzieren. Ingwer, Staudensellerie, Schalotten- und Knoblauchwürfel, Ahornsirup, Curry und Fenchelsamen hinzufügen und kurz anbraten. Mit Weißwein und Pernod ablöschen und etwa 5 Min. köcheln lassen. Die Muscheln mit einer Schaumkelle herausnehmen und den Tomatensaft, Sahne, Worcestersauce und Petersilie hinzugeben. Zugedeckt ca. 15 Min. köcheln lassen. Inzwischen nach Belieben die Muscheln aus der Schale brechen und zur Seite stellen. Den Sugo durch ein Spitzsieb passieren und auf ca. 250 ml einkochen lassen. Mit Zitronensaft, -schale, Salz und Cayennepfeffer abschmecken und warm halten.

**3.** In einem großen Topf reichlich Salzwasser zum Kochen bringen und die Spaghetti darin nach Packungsanweisung al dente garen. Inzwischen Spinat waschen, verlesen und trocken schleudern. Estragon waschen, trocken schütteln und fein schneiden. Die Muscheln, Babyspinat und Kirschtomaten im Sugo sanft erhitzen. Die Spaghetti mit einer Nudelkralle direkt dazugeben, durchschwenken und mit dem fein geschnittenen Estragon abschmecken. Auf vorgewärmten Pastatellern anrichten und sofort servieren.

# Register


## A

Agnolotti alla carbonara 132
**Amarettini:** Caramelle di zucca mit Amarettini & Nussbutter 126
**Apfel:** Mac & Cheese alla Poletto 104
**Artischocken:** Casarecce mit Artischocken & Pancetta 62
**Aubergine:** Lasagne alla norma 107

## B

**Basilikum**
Basilikum (Warenkunde) 20
Kräftiger Tomatensugo 37
Lasagne alla norma 107
Linguine mit Gorgonzola dolce & Pistazien 89
Mittelkräftiger Tomatensugo 35
Pesto alla genovese 38
Spaghettini al pomodoro crudo e mozzarella di bufala 79
Béchamelsauce: Lasagne alla bolognese 94
**Bohnen**
Pasta e fasule 97
Spaghetti alla chitarra con pesto alla genovese 90
Bucatini con le sarde e arrancia 85
Bucatini mit Entenragout & Radicchio trevisano 64
**Büffelmozzarella:** Spaghettini al pomodoro crudo e mozzarella di bufala 79
**Burrata**
Burrata (Warenkunde) 24
Burratacreme 50
Erbsenravioli mit Zitronen-Carpaccio & Gambero Rosso 136
Linguine alle erbe di Francoforte 146
Spaghetti al limone e finocchio 116
**Butter**
Nussbutter 48
Zitronenbutter 49

## C

**Calamaretti:** Spaghetti al nero di seppia ai Frutti di Mare 54
Cannelloni al forno mit Ricotta-Spinat-Füllung 86
Caramelle di zucca mit Amarettini & Nussbutter 126
Casarecce mit Artischocken und Pancetta 62
Casarecce mit Garnelen 108
**Cime di rapa:** Orecchiette mit wildem Brokkoli 74
Conchiglie alla puttanesca 69
Corzetti alle erbe 70
Parmesankrone mit Parmaschinken & Aceto balsamico di Modena 124
Tagliatelle al tartufo 113

## E

**Eier**
Agnolotti alla carbonara 132
Spaghetti carbonara 98
Spaghettini alla Cavionara 122
Stracciatella con stelline 114
**Ente:** Bucatini mit Entenragout & Radicchio trevisano 64
Erbsenravioli mit Zitronen-Carpaccio & Gambero Rosso 136

## F

Farfalle panna e salmone affumicato 57
**Fenchel**
Bucatini con le sarde e arrancia 85
Spaghetti al limone e finocchio 116
Venezianische Spaghetti mit Miesmuscheln & Curry 152
**Fior di latte:** Lasagne alla norma 107
Flaschentomaten (Warenkunde) 22
Fleischtomaten (Warenkunde) 22
**Fontina**
Fontina (Warenkunde) 24
Mac & Cheese alla Poletto 104
Fregola sarda mit Granatapfel & Vadouvan 58

## G

**Garnelen**
Casarecce mit Garnelen 108
Erbsenravioli mit Zitronen-Carpaccio & Gambero Rosso 136
Spaghetti al nero di seppia ai Frutti di Mare 54
Gefüllte Conchiglioni mit Kartoffeln & Waldpilzen 130
**Gorgonzola**
Gorgonzola (Warenkunde) 24
Linguine mit Gorgonzola dolce & Pistazien 89
**Grundrezept**
Pastateig ohne Ei 12
Polettos Pastateig mit Ei 15
**Guanciale**
Penne all'amatriciana 82
Spaghetti carbonara 98

## H

**Hackfleisch:** Spaghettoni con ragù alla bolognese
**Hähnchen:** Tagliatelle alla pollonara 150
Haselnusspesto 44

## K

**Kalbsbeinscheiben:** Ossobuco-Tortelli alla milanese 140
**Kapern**
Conchiglie alla puttanesca 69
Orecchiette con cime di rapa 74
**Kartoffeln**
Gefüllte Conchiglioni mit Kartoffeln & Waldpilzen 130
Spaghetti alla chitarra con pesto alla genovese 90
**Kaviar**
Farfalle panna e salmone affumicato 57
Spaghettini alla Cavionara 122
Kirschtomaten (Warenkunde) 22
**Knoblauch**
Kräftiger Tomatensugo 37
Leichter Tomatensugo 32
Linguine alle vongole 110
Mittelkräftiger Tomatensugo 35
Penne all'arrabbiata 73
Spaghetti aglio, olio e peperoncino 100
Kräftiger Tomatensugo 37
Kräuteröl 51
**Kürbis**
Caramelle di zucca mit Scamorza & Salzmandeln 126

## L

**Lachs:** Farfalle panna e salmone affumicato 57
**Lardo di Collonnata**
Tortelloni di marroni mit Burgunderkraut & Lardo di Colonnata 144
Lasagne alla bolognese 94
Lasagne alla norma 107
**Leichter Parmesan Sugo**
Leichter Tomatensugo 32
Linguine alle erbe di Francoforte 146
Linguine alle vongole 110
Linguine mit Gorgonzola dolce & Pistazien 89

## M

Mac & Cheese alla Poletto 104
**Maronen:** Tortelloni di marroni mit Burgunderkraut & Lardo di Colonnata 144
**Miesmuscheln:** Venezianische Spaghetti mit Miesmuscheln & Curry 152
Mittelkräftiger Tomatensugo 35
**Möhre**
Bucatini con le sarde e arrancia 85
Fregola sarda mit Granatapfel & Vadouvan 58
Ossobuco-Tortelli alla milanese 140
Spaghettoni con ragù alla bolognese
**Mozzarella di Bufala**
Mozzarella di Bufala (Warenkunde) 24
Spaghettini al pomodoro crudo e mozzarella di bufala 79
**Muscheln**
Linguine alle vongole 110
Venezianische Spaghetti mit Miesmuscheln & Curry 152

## N

**Nussbutter**
Caramelle di zucca mit Scamorza & Salzmandeln 126
Nussbutter 48

Ossobuco-Tortelli alla milanese 140
Parmesankrone mit Parmaschinken & Aceto balsamico di Modena 124

## O

**Oliven**
Conchiglie alla puttanesca 69
Linguine alle vongole 110
Olivenöl (Warenkunde) 26
**Orange:** Bucatini con le sarde e arrancia 85
Orecchiette con cime di rapa 74
**Oregano**
Conchiglie alla puttanesca 69
Oregano (Warenkunde) 20
Pasta e fasule 97
Spaghettini al Pomodoro crudo e mozzarella di bufala 79
Walnusspesto 43
Ossobuco-Tortelli alla milanese 140

## P

Paccheri rigati al ragù dell'isola di Mallorca 149
Paccheri alla vodka 102
**Pancetta**
Agnolotti alla carbonara 132
Casarecce mit Artischocken & Pancetta 62
**Paprika:** Paccheri rigati al ragù dell'isola di Mallorca 149
**Parmaschinken:** Parmesankrone mit Parmaschinken & Aceto balsamico di Modena 124
**Parmesan**
Cannelloni al forno mit Ricotta-Spinat-Füllung 86
Corzetti alle erbe 70
Fregola sarda mit Granatapfel & Vadouvan 58
Gefüllte Conchiglioni mit Kartoffeln & Waldpilzen 130
Lasagne alla bolognese 94
Lasagne alla norma 107
Leichter Parmesan Sugo 46
Linguine alle erbe di Francoforte 146
Mac & Cheese alla Poletto 104
Paccheri alla vodka 102
Parmesan (Warenkunde) 24
Parmesankrone mit Parmaschinken & Aceto balsamico di Modena 124
Penne rigate mit Salsiccia & Tomate 61
Pesto alla genovese 38
Pesto rosso 41
Spaghetti al limone e finocchio 116
Spaghetti carbonara 98
Spaghettini alla Cavionara 122
Stracciatella con stelline 114
Walnusspesto 43
Pasta e fasule 97
Pastateig ohne Ei 12
**Pecorino**
Agnolotti alla carbonara 132
Pecorino (Warenkunde) 24
Penne all'amatriciana 82
Penne all'arrabbiata 73
Rigatoni cacio e pepe 76
Spaghetti carbonara 98
Penne all'amatriciana 82
Penne all'arrabbiata 73
Penne rigate mit Salsiccia & Tomate 61
**Peperoncini:** Spaghetti aglio, olio e peperoncino 100
**Pesto alla genovese**
Pesto alla genovese 38
Spaghetti alla chitarra con pesto alla genovese 90
Pesto rosso 41
**Petersilie**
Agnolotti alla carbonara 132
Gefüllte Conchiglioni mit Kartoffeln & Waldpilzen 130
Linguine alle vongole 110
Ossobuco-Tortelli alla milanese 140
Paccheri alla vodka 102
Parmesankrone mit Parmaschinken & Aceto balsamico di Modena 124
Petersilie (Warenkunde) 20
Spaghetti aglio, olio e peperoncino 100
Spaghetti carbonara 98
Stracciatella con stelline 114
Tagliatelle mit Steinpilzen 118
**Pfifferlinge:** Tagliatelle alla pollonara 150
**Pilze**
Gefüllte Conchiglioni mit Kartoffeln & Waldpilzen 130
Tagliatelle mit Steinpilzen 118

Tagliatelle alla pollonara 150
**Pinienkerne**
Bucatini con sarde e arrancia 85
Corzetti alle erbe 70
Pesto alla genovese 38
Pesto rosso 41
Spaghetti alla chitarra con pesto alla genovese 90
**Pistazien:** Linguine mit Gorgonzola dolce & Pistazien 89
Polettos Pastateig mit Ei 15

## R

**Radicchio:** Bucatini mit Entenragout & Radicchio trevisano 64
**Ragù alla bolognese:** Lasagne alla bolognese 94
**Ricotta:** Cannelloni al forno mit Ricotta-Spinat-Füllung 86
Rigatoni cacio e pepe 76
**Rosmarin**
Agnolotti alla carbonara 132
Bucatini mit Entenragout & Radicchio trevisano 64
Leichter Parmesan Sugo 46
Ossobuco-Tortelli alla milanese 140
Parmesankrone mit Parmaschinken & Aceto balsamico di Modena 124
Rosmarin (Warenkunde) 20
Tagliatelle mit Steinpilzen 118
Tortelloni di marroni mit Burgunderkraut & Lardo di Colonnata 144
**Rucola:** Spaghetti al limone e finocchio 116

## S

**Sahne:** Paccheri alla vodka 102
**Salbei**
Burro alle erbe 50
Caramelle di zucca mit Scamorza & Salzmandeln 126
Corzetti alle erbe 70
Leichter Parmesan Sugo 46
Salbei (Warenkunde) 20
Spaghettoni con ragù alla bolognese 80
**Salsiccia:** Penne rigate mit Salsiccia & Tomate 61
San-Marzano-Tomaten (Warenkunde) 22
**Sardellen**
Conchiglie alla puttanesca 69
Orecchiette con cime di rapa 74
Ossobuco-Tortelli alla milanese 140
**Sardinen:** Bucatini con le sarde e arrancia 85
**Sauerkraut:** Tortelloni di marroni mit Burgunderkraut & Lardo di Colonnata 144
**Scamorza:** Caramelle di zucca mit Amarettini & Nussbutter 126
**Sobrasada de Mallorca:** Paccheri rigati al ragù dell'isola di Mallorca 149
Spaghetti aglio, olio e peperoncino 100
Spaghetti al limone e finocchio 116
Spaghetti al nero di seppia Frutti di Mare 54
Spaghetti alla chitarra con pesto alla genovese 90
Spaghetti carbonara 98
**Spaghetti, schwarze:** Spaghetti al nero di seppia Frutti di Mare 54
**Spaghetti, venezianische:** Venezianische Spaghetti mit Miesmuscheln & Curry 152
Spaghettini al pomodoro crudo e mozzarella di bufala 79
Spaghettini alla Cavionara 122
Spaghettoni con ragù alla bolognese 80
**Spargel:** Linguine alle erbe di Francoforte 146
**Speck:** Mac & Cheese alla Poletto 104
**Spinat**
Cannelloni al forno mit Ricotta-Spinat-Füllung 86
Tagliatelle alla pollonara 150
Venezianische Spaghetti mit Miesmuscheln & Curry 152
**Staudensellerie**
Bucatini mit Entenragout & Radicchio trevisano 64
Ossobuco-Tortelli alla milanese 140
Pasta e fasule 97
Spaghettoni con ragù alla bolognese
Venezianische Spaghetti mit Miesmuscheln & Curry 152
**Steinpilze:** Tagliatelle mit

Steinpilzen 118
Stracciatella con stelline 114

## T

Tagliatelle al tartufo 113
Tagliatelle alla pollonara 150
Tagliatelle mit Steinpilzen 118
**Taleggio**
Gefüllte Conchiglioni mit Kartoffeln & Waldpilzen 130
Taleggio (Warenkunde) 24
**Thymian**
Haselnusspesto 44
Parmesankrone mit Parmaschinken & Aceto balsamico di Modena 124
Tagliatelle mit Steinpilzen 118
Thymian (Warenkunde) 20
**Tintenfisch**
Paccheri rigati al ragù dell'isola di Mallorca 149
Spaghetti al nero di seppia Frutti di Mare 54
**Tomaten**
Casarecce mit Garnelen 108
Kräftiger Tomatensugo 37
Leichter Tomatensugo 32
Linguine alle vongole 110
Mittelkräftiger Tomatensugo 35
Spaghetti al nero di seppia Frutti di Mare 54
Spaghettini al pomodoro crudo e mozzarella di bufala 79
Spaghettoni con ragù alla bolognese
Tomaten aus der Dose (Warenkunde) 22
**Tomaten, getrocknete**
Venezianische Spaghetti mit Miesmuscheln & Curry 152
Orecchiette con cime di rapa 74
Pesto rosso 41
**Tomatensugo, kräftiger**
Kräftiges Tomatensugo 37
Penne rigate mit Salsiccia & Tomate 61
**Tomatensugo, leichter**
Leichtes Tomatensugo 32
Conchiglie alla puttanesca 69
**Tomatensugo, mittelkräftiger**
Mittelkräftiges Tomatensugo 35
Cannelloni al forno mit Ricotta-Spinat-Füllung 86
Lasagne alla bolognese 94
Mittelkräftiger Tomatensugo 35
Paccheri alla vodka 102
Penne all'amatriciana 82
Penne all'arrabbiata 73
Tortelloni di marroni mit Burgunderkraut & Lardo di Colonnata 144
**Trüffel:** Tagliatelle al tartufo 113

## V

Venezianische Spaghetti mit Miesmuscheln & Curry 152
**Venusmuscheln:** Linguine alle vongole 110

## W

**Walnusskerne**
Mac & Cheese alla Poletto 104
Walnusspesto 43
**Wodka:** Paccheri alla vodka 102

## Z

**Zitrone**
Casarecce mit Garnelen 108
Erbsenravioli mit Zitronen-Carpaccio & Gambero Rosso 136
Farfalle panna e salmone affumicato 57
Fregola sarda mit Granatapfel & Vadouvan 58
Linguine alle erbe di Francoforte 146
Ossobuco-Tortelli alla milanese 140
Spaghetti al limone e finocchio 116
Venezianische Spaghetti mit Miesmuscheln & Curry 152
Zitronenbutter 49
**Zucchini**
Casarecce mit Garnelen 108
Linguine alle erbe di Francoforte 146
Linguine alle vongole 110
**Zuckerschoten**
Farfalle panna e salmone affumicato 57
Linguine alle erbe di Francoforte 146

# APPETIT AUF MEHR?

ISBN 978-3-8338-6617-3

ISBN 978-3-8338-9329-2

ISBN 978-3-8338-9061-1

ISBN 978-3-8338-9255-4

ISBN 978-3-8338-8318-7

ISBN 978-3-8338-8341-5

Alle hier vorgestellten Bücher sind auch als eBook erhältlich.

GU

Mehr von GU auf **gu.de** | **gu.verlag** | **gu.verlag**

# Impressum


Grillparzerstraße 8, 81675 München

GU ist eine eingetragene Marke der GRÄFE UND UNZER VERLAG GmbH, www.gu.de

ISBN 978-3-8338-9604-0
4. Auflage 2025



Konzept: Cornelia Poletto
Projektleitung: Simone Kohl
Rezepte: Cornelia Poletto unter Mitarbeit von Kathrin Heuser
Lektorat: Margarethe Brunner
Korrektorat: Andrea Lazarovici
Umschlaggestaltung und Layout: ki36, Sabine Krohberger, München
Herstellung: Markus Plötz
Satz: griesbeckdesign, Dorothee Griesbeck, München
Reproduktion: Repro Ludwig
Druck und Bindung: Firmengruppe APPL, aprinta druck, Wemding

Umwelthinweis:
Nachhaltigkeit ist uns sehr wichtig. Der Rohstoff Papier ist in der Buchproduktion hierfür von entscheidender Bedeutung. Daher ist dieses Buch auf PEFC-zertifiziertem Papier gedruckt. PEFC garantiert, dass ökologische, soziale und ökonomische Aspekte in der Verarbeitungskette unabhängig überwacht werden und lückenlos nachvollziehbar sind.

Die GU-Homepage finden Sie unter www.gu.de

Bildnachweis:
Produktionsleitung: StockFood Studios
People- und Foodfotografie: Jan-Peter Westermann
Foodstyling: Pio, Felix Neumann
Requisite: Katrin Heinatz, Jan-Peter Westermann
Foto Assistenz, Postproduktion: Natalie Tillmann, Anna Brauns
Styling Credits: Mit freundlicher Unterstützung von motelamiio.com

Bildagentur Image Professionals GmbH, Tumblingerstr. 32, 80337 München
www.imageprofessionals.com

Vielen Dank für die Unterstützung durch meine langjährigen Partner: Altonaer Kaviar Import Haus AKI, Monograno Felicetti, Parmigiano Reggiano und Stylepoint.

Backofenhinweis:
Die Backzeiten können je nach Herd variieren. Die Temperaturangaben in unseren Rezepten beziehen sich auf das Backen im Elektroherd mit Ober- und Unterhitze und können bei Gasherden oder Backen mit Umluft abweichen. Details entnehmen Sie bitte Ihrer Gebrauchsanweisung.

www.gu.de/gu-community